한국체육대학교 학술교양총서

플라톤의 신체관

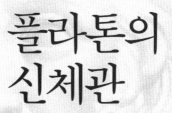

플라톤의
신체관

한국체육대학교
학술교양총서

001

안용규

한국체육대학교 학술교양총서 발간에 부쳐

아이작 뉴턴은 생의 막바지에 이런 말을 남겼다.

"나는 바닷가에서 노는 소년과 같았다. 가끔씩 보통 것보다 더 매끈한 돌이나 더 예쁜 조개껍데기를 찾고 즐거워하는 소년. 그러는 동안에도 내 앞에는 광대한 진리의 바다가 미지의 상태로 펼쳐져 있었다."

뉴턴의 아포리즘은 학인(學人)의 삶, 그 숙명을 함축한다. 배움은 진리를 사랑함이니 사과 한 알, 조개껍데기 하나로써 세상의 작동원리를 갈음한 천재의 언어로 부족함이 없다. 그의 통찰은 '거인의 어깨 위에 앉은 난쟁이'의 비유에서 가장 높은 경지에 이른다.

"내가 더 멀리 보았다면 이는 거인들의 어깨 위에 올라서 있었기 때문이다(If I have seen further, it is by standing on the shoulders of giants)."

로버트 머튼이 쓴 『거인의 어깨 위에서』는 뉴턴의 비유가 매우 오래된 인용문임을 밝힌다. 뉴턴은 조지 허버트를, 허버트는 로버트 버튼을,

버튼은 디에고 데 에스텔라를, 에스텔라는 존 솔즈베리를, 그리고 솔즈베리는 베르나르 사르트르를 인용했다.

마태오가 적어나간 아브라함 가문의 내력과도 같지 않은가? 천재의 아우라가 해묵은 은유에 생명을 불어 넣었으리라. 거인과 어깨의 계보는 또한 진리의 오솔길. 그 길은 오로지 나아감이 있을 따름이다. 학인의 숙명은 미지의 열락을 찾아 헤매는 지상의 나그네다.

한국체육대학교 학술교양총서는 어깨에 어깨를 겯고 인내로써 천년의 탑을 포개려는 정성의 결실이다. 1977년 개교 이래 성상을 거듭해 정진해온 대한민국 유일의 종합체육대학으로서 학문적 성과와 현장의 경험을 집약하고자 하는 목적으로 시작되었다.

총서가 가야 할 길은 멀다. 완급과 부침이 없지 않겠으나 우리는 장경을 새기는 정성과 인내로써 점철할 것이다. 순정한 지향과 의지가 끝이요 마치다. 영원을 향해 걷는 걸음의 시작 앞에서 비나니, 끝끝내 진리의 대양에 이르러 현학들과 조우하기를 빈다.

2020년 2월
한국체육대학교 학술교양총서 편집동인을 대표하여
제7대 총장 안용규 씀.

머리말

철학(philosophy)이 지혜(sophia)를 사랑하는(philos) 일임을 우리는 안다. 사랑은 구체적인 행위로서 마음의 움직임을 전제로 한다. '마음'은 우리 말이다. 마음은 '생각'이나 '사고'의 테두리에 갇히지 않고 감정, 심리, 주체와 인격을 종합하며 함축한다. 마음의 움직임은 단지 두뇌의 화학반응에 그치지 않고 인간의 영과 육, 전체를 관류하는 총체적 의미를 얻는다. 그러므로 철학은 인간이 존재하는 방식과 의미, 그 결과를 모두 포함한다. 이토록 지적 주체로서 인간의 근원적 삶을 드러내기에 철학은 지식 사랑을 표상하며 그 시작과 끝을 아우를 수밖에 없다.

단군신화에 나타난 것과 같이 미물을 인간에 이르도록 하는 동굴의 수행은 거대한 메타포로서 인류 역사의 일부가 된다. 지혜의 용광로 또는 가속기로서 그 심연을 우리에게 드러내 보이는 아카데미아의 대리석 동굴 앞에 '어깨가 넓은 사나이' 플라톤이 서 있다. 플라톤은 고대 그리스

철학 정신의 한복판에서 서양 역사 속의 첫 철학자라 일컫는 고대 그리스인들이 꿈꾸고 소망하며 사랑했던 삶의 총체성을 오롯이 드러낸다.

철학자 중의 철학자 플라톤.

2400년 전 아테네에서 인간의 내면을 관통하고 우주를 내다본 그의 원래 이름은 아리스토클레스다. 젊은 날 그는 굴지의 레슬러로서 그리스 4대 제전이었던 이스트미아 경기대회에 출전해 두 차례나 우승한 체육인이었다.

기원전 8세기 헤시오도스로부터 시작하여 기원후 6세기 신플라톤주의에 이르는 긴 여정은 고대 그리스 철학이라는 언어의 탄막으로 갈음하기 어려운 광대역을 구현한다. 그러나 "철학은 플라톤이요, 플라톤은 철학"이라는 랠프 왈도 에머슨의 선언은 정당하다. "서양 철학사는 플라톤에 대한 각주(footnote)"라는 알프레드 노스 화이트헤드의 고백은 오롯이 지성의 산물이다. 그러므로 학문에 뜻을 두어 상아탑에서 젊음을 소진한 필자에게 플라톤과의 조우는 운명이자 필연이었으리라. 이 작은 책자는 이름 없는 선비의 덧없는 소산에 불과할지 모른다. 그러나 순정한 매혹으로 플라톤 철학의 우주를 가로지른 고백록으로서 애틋한 의미를 부여하고 싶다.

이 책의 바탕이 된 논문을 쓸 무렵, 나의 삶은 현실과 이상이 맞붙는 전선에서 고투를 거듭하고 있었다. 일상의 인간으로서 나는 가족 모두를 미국으로 보낸 '기러기 아빠'였다. 그러나 수많은 스승과 은인들이 앞 길을 밝히고 갈 길을 제시하였기에 큰 길을 걸어 오늘에 이를 수 있었다. 1997년 홍익대학교 미학과에서 만난 임범재 선생님은 내게 새로운 학문의 길을 열어 보였고, 2001년 고려대학교 철학과에서 시작한 공부는 임홍빈, 이승완, 손병석, 김경현, 김창래, 김정현 교수님의 가르침에 힘입어 비루함을 벗고 비로소 깨달음의 경지에 다다를 수 있었다. 그러니 이 책은 내 삶의 지도라고 해야 옳다. 앎을 향한 상승에로의 욕구 속에서 살아온 지난 시간들과 이 순간이 최선을 지향하는 미래의 삶을 향하는 출발점이 될 것으로 믿는다.

사랑하는 나의 가족에게 이 책을 바친다. 수많은 낮과 밤을 정진할 수 있도록 강인한 체력을 물려주신 부모님, 함께 공부를 하는 입장이면서도 언제나 나의 빈자리를 메워준 아내에게 감사한다. 또한 미국에서 돌아와 함께 할 시간조차 빼앗기며 이 글이 완성될 때까지 도움을 아끼지 않은 아들 종화와 딸 민지에게 미안하고 고맙다는 말을 전하고 싶다.

이 책의 바탕이 된 논문을 마무리하는 단계에서 크고 작은 실수를 찾아 바로잡는데 노력을 함께 해 준 체육철학전공 석박사 제자들에게도 감사하며, 100일간의 연구실 투쟁에서 용기를 주고 격려를 해준 동료교수들에게도 감사를 드린다.

이 책이 출간되기까지의 긴 여정 동안 고생하신 모든 분들의 은혜에

보답하기 위해서라도 나는 변함없는 사람으로서 최선을 다하는 삶을 살고자 한다.

2020년대의 첫 달을 갈무리하며

안용규

차례

플라톤의 신체관

1. 들어가는 글

플라톤은 생애에 걸쳐 많은 대화편을 저술했으며, 그를 통해 플라톤은 고대 그리스 최대의 철학자임과 동시에 유럽 정신의 원류로 평가받고 있다. 화이트헤드(A. N. Whitehead)를 위시한 많은 사람들이 서양철학의 역사가 "플라톤에 대한 일련의 주석"(a series of footnotes to Plato)[01]으로 구성되어 있다고 할 정도로 플라톤의 사상은 서양 정신사에서 최고의 지적 유산으로 간주되고 있다. 또한 러셀(B. Russell)은 "플라톤이 고대, 중세, 현대를 통해 가장 크게 영향을 미친 철학자"[02]라고 했으며, 야스퍼스(K. Jaspers)는 '플라톤은 우리에게 어떤 확정된 내용을 주는 것이 아니고 우리로 하여금 스스로 철학을 하게끔 하기 때문에 플라톤 연구는 결코 낡은 것이 아니며, 우리는 플라톤에게서 얼마든지 새로운 지식의 여지를 발견

---

01 A. N. Whitehead, *Process and reality : an essay in cosmology*. New York: Free Press, 1978. p. 39.

02 B. Russell, *A History of Western Philosophy*, Touchstone: New York University, 2007. p. 22.

할 수 있는 것'[03]이라고 언급 하는 등, 플라톤의 철학적 의의를 역설한 학
자들을 일일이 열거할 수 없을 정도이다.

특히 많은 사람들이 묘사하고 있는 플라톤의 실체는 "철학자로서뿐만
아니라 문예인으로서의 플라톤이었으며, 그는 많은 시대를 통해서 끊임
없이 언급되어온 정신적 존재로서 대표성을 지닌 인물"[04]이다.

또한 "플라톤은 아르고스(Argos) 출신의 레슬링 선수 아리스톤(Ariston)에
게 운동경기를 배워 이스토모스(Istomos)의 축제의 레슬링 경기에 출장했
으며, 더욱이 그리스어로 '폭이 넓은'이라는 의미를 가진 '플라톤'이라는
이름도 그의 '넓은 어깨'로부터 지어졌다"[05]고 전해진다. 실제로 플라톤
의 저작에서 보여지는 수많은 운동경기에 대한 언급에서 운동경기자로
서의 그의 면모를 확인할 수 있다. 현대에 이르러 운동경기자로서 그의
이름이 미국 로드아일랜드 대학교(University of Rhode Island) 내의 국제스
포츠연구소에 설립된 《국제적인 학자—체육인 명예의 전당》(International
Scholar-Athlete Hall of Fame)에 포함되어 있을 정도이다. 또한 그는 남녀의
구분없이 평등하게 운동경기와 춤의 훈련을 부과하여 처음으로 남녀평
등의 체육사상을 주장한 인물로 소개되고 있다. 이러한 실례는 플라톤이
지적인 정신의 상징적 존재이며 동시에 강건한 신체의 소유자로서, 그리

---

03 K. Jaspers, *Way to Wisdom*, New Haven, Yale University Press, 1951. pp. 166~167 참조.

04 안용규, "플라톤의 체육사상에 관한 논의(I)", 한국체육대학교 『논문집』, 21, 1998. 181쪽.

05 E. A. Rice, *A Brief History of Physical Education*, New York: A. S. Barnes And Company, 1929. p. 38.

고 운동경기자로서의 상징적인 존재임을 입증하는 것이다.

그러나 플라톤의 신체에 대한 이해는 학자마다 다른 논리를 주장하고 있다. 특히 페어스(J. R. Fairs)는 플라톤의 신체관이 서양 체육에 미친 영향을 기술하면서 '플라톤의 이원론적 신체관이 서양의 신체에 대한 반감, 즉 신체 천시 및 경멸 사상을 형성시킨 것'[06]으로 보았다. 그리고 조셉(John L. Joseph) 역시 플라톤이 '영혼교육을 위한 지육과 체육을 구분하면서 체육이 존재하는 근본 목적을 부정한 것'[07]이라고 주장하였다.

그와는 다른 시각에서 "크리스토퍼(Christopher)는 오늘날 많은 영국의 체육교사들이 플라톤을 체육을 도외시한 철학자로 잘못 인식하고 있음을 비판하면서 플라톤이 얼마나 체육을 중요시하였는가를 구명하고자 하였다. 같은 맥락에서 클레인만(Kleinman)은 플라톤이 심신이원론적 입장을 보이지만 오히려 심신 간의 상호 밀접한 관계를 설명한 형이상학적 이원론자라고 반론을 제기하였다. 그 외에도 이동건은 플라톤의 신체사상을 심신통일체론(心身統一體論, psychosomatic unit)이라 주장하였으며, 미즈노 다다후미(水野忠文)는 플라톤의 신체사상 연구를 통해 체육학의 기초가 되는 신체의 문제, 지도자 양성의 교육 수단으로서의 체육을 논의하

---

06 J. R. Fairs, "The Influence of Plato and Platonism on the Development of Physical Education in Western Culture", *Quest*, Vol. 11 (1968), pp. 14~23 참조.

07 John L. Joseph, *Contributions of Plato to Thought on Physical Education, Health and Recreation*, New York University, 1942. pp. 22~38 참조.

였다."[08] 또한 필자는 이미 다른 논문에서 플라톤이 신체멸시 사상보다는 체육의 중요성에 관한 견해를 피력하였음을 주장한 바 있다. 그리고 기니와 고키(木庭康樹)는 '플라톤 철학에서 나타나는 소마(soma)를 현대적 개념으로 논의'[09]하고자 하였다. 이와 같이 플라톤의 체육사상에 관한 선행연구에서 학자들은 서로 간에 상반된 견해를 보이고 있는 것이다.

이 연구는 기본적으로 크리스토퍼가 주장한 바와 같이 플라톤의 사상이 체육학의 발전에 중대한 영향을 끼쳤다는 견해를 공유한다. 왜냐하면 동서고금을 막론하고 체육과 운동경기가 인간의 신체를 통해 발현되었고, 신체의 문제는 철학자이며 운동경기자라는 두 개의 얼굴을 가진 플라톤에게 있어서 틀림없이 보다 많은 언급이 있을 것이기 때문이다. 즉 필자는 그의 신체관 연구를 통하여 현실 세계에서 중요한 관심사로 떠오르고 있는 인간의 신체를 철학적으로 고찰하고자 하는 것이다.

실제로 플라톤은 그의 저서에서 '소마(soma)'[10], 즉 신체와 교육에서의

---

08 안용규, 1998, 183쪽.

09 木庭康樹,『プラトン哲學における身體論』, 筑波大學大學院, 2005. 7쪽.

10 Soma는 몸 또는 신체, 육체로 번역한다. 특히 우리말 '몸(mom)'은 동사원형 '모으다'에서 파생된 것이다. '모으다'의 어간 '모으'에 명사형 어미 'ㅁ'이 붙어서 '모음'이 되었고, 이 '모음'이 축약되면서 '으'가 탈락하여 '몸'이 되었다. 결국 '몸'은 그 어원적인 뜻처럼 총체적이고 합일적이며 화해적인 의미를 가지고 있다. 즉 '몸'은 '마음'과 양분된 것으로 보는 2분법적 사고와는 다르게 둘을 하나로 모은다는 의미가 있다. 그리고 몸은 외재적으로 존재하는 단순한 육체(肉體)의 의미가 아니므로, 이 연구에서는 몸, 육체, 인체, 신체에 대한 용어를 모두 '신체'로 통일하여 사용할 것이다.

김나스티케('gymnastikē')[11], 즉 신체교육에 관해 많은 내용을 언급하고 있으며, 또한 미학자로서 신체미에 대한 깊은 관심도 보여주고 있다. 특히 플라톤의 거의 모든 저작에서 언급되고 있는 소마는 인간의 신체뿐만 아니라 우주와 천체, 동물 등과 같은 생물의 몸, 생명을 잃은 사체, 더욱이 이것들을 구성하는 단순 물체인 원소까지를 포함하는 매우 커다란 외연을 가지고 있다. 이러한 대상이 모두 소마로 불리어지기에 플라톤 자신도 이러한 것에 대한 공통된 관념을 가지고 있었을 것이다. 다만 현대에는 소마와 같은 외연을 가진 단어가 존재하지 않기 때문에, 플라톤이 말하는 소마는 극히 제한된 의미로 이해될 수밖에 없다.

그러나 플라톤에게서 인간의 신체가 모든 물적 존재를 지시하는 소마로서, 그리고 교육의 한 방법으로서 김나스티케라는 커다란 배경을 가지고 있다는 점은 현대의 인간 삶에서 경직되어 있는 신체관을 보다 유연하게 해줄 수 있을 것이다. 또한 플라톤의 소마와 김나스티케에 대한 논의는 신체의 의미를 확장하고자 하는 데 조력을 해줄 수 있을 것이며, 그에 대한 실마리를 제공해줄 것이다.

이러한 연구를 위해 필자는 플라톤의 저작에서 나타나는 영혼과 신체

---

11 "체육을 gymnastikē라 함은 벌거벗은(gymnos)이라는 어휘에서 생긴 말이다. 김노스(gymnos)는 '가볍게 입은', '나체의'라는 뜻을 가지고 있지만 각종 문헌이나 조각품, 도자기 그림으로 미루어 볼 때, '나체'라는 의미가 더 합당할 것으로 보인다. 당시 청소년들을 위한 체육시설을 갖춘 공공장소인 김나지움(gymnasium) 역시 gymnos와 관련이 있다."『국가』, 377a ; 김복희, 오동섭, "고대 그리스 운동선수의 의상과 나체경기", 한국체육학회『한국체육학회지』, 40(2), 2001. 21쪽.

의 관계를 통해 인간의 신체에 대한 기술을 언급하면서 다각적인 검토를 하고자 한다. 특히 그의 『파이돈』(Phaidon)에 나타나는 영혼 우위론의 내용에 대한 비판적 사고에서 출발하여 영혼론의 문제점을 지적함으로써 플라톤 신체관의 새로운 의미를 찾고자 한다. 왜냐하면 플라톤의 신체에 대한 시선은 당시의 올림피아 경기와 그리스 조각으로 대표되는 고도로 발달한 신체문화에 의해 배양되었을 것이며, 그의 저작에서 당시의 신체관을 반영한 기술들이 많이 발견되고 있기 때문이다.

따라서 이 연구의 목적은 플라톤의 신체에 대한 견해에서 상위의 정신활동들의 근본이 되는 건강한 신체활동의 토대로서 영혼 전체의 향상에 공헌하도록 훈련되어야 한다는 논리를 바탕으로 그의 신체관을 심도 있게 고찰해 봄으로써 인간의 신체가 현대인의 삶 속에서 얼마나 중요한 가치를 지니고 있는지 플라톤 신체관의 현대적 의미를 확인하고자 하는 것이다.

이 연구는 상술한 목적을 다음의 순서에 따라 전개할 것이다. 먼저 제2장에서는 본격적인 플라톤 체육철학을 논구하기 전에 고대 그리스 사회에서의 신체문화에 대한 개략적인 설명이 이루어질 것이다. 특히 호메로스의 『오뒷세이아』(Odysseia)와 『일리아스』(Ilias)편에 나타난 영웅들의 운동경기와 그리스 고전시대의 제전경기를 통해 나타나는 고대 그리스의 신체문화에 대한 이해를 시도할 것이다. 또한 당시의 조각상이나 도자기상에 나타난 올림픽 5종 경기자들의 신체의 아름다움에 관해서도 살펴볼 것이다. 그것은 플라톤의 신체관에 어떤 식으로든 직, 간접적인 영향을 주었을 것으로 추정되기 때문이다.

제3장에서는 플라톤 철학에 나타난 신체의 위상과 역할을 인식론적인 측면과 도덕적 측면에서 고찰할 것이다. 이를 위해 먼저 플라톤의 대화편 『파이돈』편에 나타난 '영혼'(psychē)과 '신체'(soma)의 관계를 조명할 것이다. 무엇보다 이 작품의 분석을 통해 '신체를 통한 감각(aisthesis)의 인식론적 역할'과 '가치론적 관점에서 신체가 갖는 도덕적 의미'를 규명할 수 있을 것이다. 아래의 본문에서 상론되겠지만, 이러한 작업을 통해 필자는 플라톤에게서 감각의 역할은 이데아(idea)나 형상(eidos) 인식을 위한 필요조건으로 자리매김될 수 있고, 그렇기 때문에 신체에 대한 부정적인 가치론적 평가 역시 재고될 필요가 있다는 것을 강조할 것이다. 영혼과 신체의 대립보다 상호 조화의 관점에서 보고자 하는 이러한 작업은 가능한 한도 내에서 플라톤의 다른 대화편, 예를 들어 『메논』(Menon)이나 『향연』(Symposium)편 등과 같은 작품들을 통해서도 시도될 것이다.

제4장에서는 플라톤의 신체교육에 관한 견해를 살펴볼 것이다. 이것은 특히 플라톤이 어떤 이유에서 폴리스의 수호자 교육론에서 신체에 관한 도야와 훈련이 중요한지에 초점을 맞추어 접근될 것이다. 이러한 작업은 특히 플라톤의 대화편 『국가』(Politeia)편 2권과 3권에 관한 분석을 통해 이루어질 것이다. 이 부분에 대한 분석과 연구는 『국가』편의 다른 부분들에 비해 덜 이루어진 경향이 있다. 그러니 이 작품에서 플라톤의 핵심적인 사상으로 간주되는 '정의론'이나 '영혼 삼분설' 또는 '철학자왕'의 통치에 관한 철학적 논의의 이해를 위해서도 2권과 3권에서 상당

한 비중을 할애하여 기술되고 있는 플라톤의 신체교육(gymnastikē)과 시가교육(mousikē)에 관한 견해는 심도 있게 조명될 필요가 있다. 또한 일반인을 대상으로 하는 플라톤의 교육론이 잘 나타나 있는 『법률』(Nomoi)편을 통해 태아로부터 청소년에 이르기까지의 인간의 성장 및 발달의 단계에 따르는 신체교육의 내용과 방법을 탐구할 것이다. 그리고 플라톤에게 있어서 신체교육이 덕의 교육을 위해 크게 작용될 수 있다는 전제하에 『국가』편에서 4주덕과 관련된 부분을 김나스티케, 즉 체육과 연계하여 검토할 것이며, 그 중에서도 영혼을 구성하는 두 번째 요소인 기개(thymos)가 용기의 필수적인 능력임을 탐구함으로써 신체교육이 덕의 교육을 위한 매우 가치 있는 것임을 밝힐 것이다.

마지막 제5장에서는 플라톤의 체육철학이 의미하는 현재적 의미를 생각해 볼 것이다. 우리는 일상적인 삶 속에서 많은 현대인들이 자신의 신체적 건강에 대한 관심을 높게 갖고 있으며, 심지어는 집착에 가까운 경향성을 종종 보여주는 현상을 목격하게 된다. 그러나 신체에 대한 이러한 관심이 과연 그 자체로 목적이 될 수 있는지, 또 바람직한 전인적 인간 도야를 위해 올바른 관심과 열정인지를 생각해 볼 필요성이 있다. 따라서 이 장에서는 현대의 체육 현장 및 신체문화 속에 나타나는 다양한 현상을 플라톤의 신체관을 통해 비판적 관점에서 점검해 볼 것이다.

2. 고대 그리스의 신체문화

고대 그리스에서는 신체의 탁월성을 증명하기 위한 목적으로 운동경기가 행해졌다. 이러한 운동경기는 성격상 호메로스의 서사시에 나타난 운동경기와 제의식의 성격을 지닌 범 그리스의 제전경기로 나누어 볼 수 있다. 왜냐하면 호메로스의 서사시에서 언급되고 있는 운동경기는 특별한 신을 숭배하기 위한 경기라기보다는 자신의 탁월성과 명예를 얻기 위한 성격의 영웅들의 운동경기였다. 물론 그의 서사시에서 언급되고 있는 운동경기 중 장례경기에서는 제의적 의미를 배제할 수 없다. 특히 호메로스는 그의 서사시 속에서 영웅들의 경기를 묘사하는 가운데 종종 그들의 후원자로서 신들을 개입시키고 있으므로 제의적 성격이 전혀 없다고 할 수는 없다. 그러나 호메로스 시대의 운동경기는 범 그리스 제전경기와 같이 완전히 종교적인 색채를 띤 운동경기라고 보기에는 어려운 점이 있다. 그것은 당시의 운동경기가 신을 숭배하는 제전경기의 특징을 지닌 그리스 고전시대의 경기 규칙이나 상품, 그리고 그에 따르는 신체문화와 커다란 차이가 있기 때문이다.

그리스 후기의 고대 그리스인들은 운동경기와 종교의 결합이 잘 반영된 제전 행사를 신성하게 여겼으며, 그러한 제전 행사들 속에서 운동경기를 즐기게 되었다. 당시의 그리스 운동경기는 신체를 통해 서로 경쟁을 하는 것 이상으로 신체의 미를 추구한다는 또 다른 의미를 지니고 있었다.

따라서 이 장은 당시의 신체문화가 플라톤의 신체관에 어떤 식으로든 직, 간접적 영향을 주었을 것으로 추정되기 때문에, 플라톤의 신체관을 논구하기 위한 선행 과정으로써 호메로스의 『일리아스』와 『오뒷세이아』에 나타난 운동경기와 그리스의 제전경기에서 나타나는 신체문화로 구분하여 분석하고자 한다.

2-1. 호메로스 서사시 속의 신체문화

플라톤이 살았던 시대보다 약 500여 년이나 앞선 호메로스 시대에 그의 서사시 『일리아스』와 『오뒷세이아』에는 당시 도시국가에서 행해졌던 운동경기(agon), 즉 현대의 체육 및 스포츠와 관련된 유사한 내용들을 찾아볼 수 있다. 특히 그의 서사시에는 장례 경기, 환대 경기, 구혼 경기를 했다는 내용이 잘 나타나 있다. "영웅들은 그러한 경기를 통하여 자신의 탁월성과 명예를 얻고자 하였다. 당시의 그리스인들은 운동경기와 전쟁을 노력의 장으로 여겼으며, 이러한 활동을 통하여 영웅들은 자신의 타고난 가치를 입증하였을 뿐만 아니라 명예를 중시하고 동등한 경쟁을 통

하여 자신의 우월성을 입증하려고 노력한 점이 영웅들의 특징이었다. 이
러한 특징은 운동경기에 그대로 반영되어 있으며 전인을 추구하는 아레
테의 정신은 그리스 정신의 전형이 되었으며 운동 정신에도 지대한 영향
을 끼쳤다."[01]

호메로스의 서사시 『오뒷세이아』와 『일리아스』에는 전쟁에서 활용
되는 경기와 현대의 스포츠 종목과 같은 경기의 내용들이 대부분이었
다. 즉 호메로스 시대의 모든 운동경기는 그 내용이 전쟁과 관련이 있는
경기종목으로 이루어져 있었음을 확인할 수 있다. 그러한 운동경기들은
'달리기, 해머던지기, 검투, 활쏘기, 창던지기, 레슬링, 권투, 전차경기 등
8가지 종목'[02]이었다. 특히 고대 그리스 시대에 이르기까지 가장 많이 실
시되었던 운동경기들은 달리기, 멀리뛰기, 레슬링, 원반던지기, 창던지기
종목이었으며, 이것을 고대 그리스의 5종경기라고 칭하고 있다. 또한 호
메로스는 여성을 위하여 오늘날의 볼게임[03]과 같은 여가활동이 실시되었
음을 보여주고 있다.

호메로스의 서사시 속에는 이러한 고대 올림픽에서의 운동경기에 대

---

01 김복희, 「호메로스 운동경기에 나타난 영웅의 특징과 Aretē」, 한국체육학회 『한국체육
학회지』, 43(4), 2004. 15쪽.

02 『오뒷세이아』, XVIII 45~120, VIII 104~139, 『일리아스』 XXIII 700~897, II 764~779,
XV 674~695, XVI 805~862, XIII 624~649에 당시의 운동경기와 8가지 종목에 대한
내용을 다루고 있다. 이하의 『오뒷세이아』와 『일리아스』의 내용은 필자가 직접 번역을
하거나 천병희의 번역서를 참고로 할 것이며, 각주는 모두 원저의 전거에 따를 것이다.

03 『오뒷세이아』, VI 85~118.

한 흔적이 나타나 있는데, 우리는 이러한 고대 그리스의 도시국가에서 행해졌던 운동경기를 통해 그들의 신체문화를 엿볼 수 있다. 특히 당시의 경기방법은 두 명이 겨루는 경기로부터 두 명 이상이 겨루는 경기가 있었는데, 여러 명이 겨루는 경기에서는 투구에 제비를 넣어 제비뽑기를 하여 대전 순서를 정한 사실이 나타나 있다.

다음은 호메로스의 『오뒷세이아』에 나타나 있는 5종 경기 중에서 달리기, 멀리뛰기, 레슬링, 원반던지기와 그 외에 권투 경기를 실시했던 내용이 자세히 기술되어 있다.

> "알키노오스의 세 아들, 라오다마스와 할리오스와 신과 같은 클뤼토네오스도 일어섰다. 이들은 먼저 경주(競走)로 자신들을 시험해보았다. 이들은 출발선에서부터 전속력으로 달렸고, 모두들 들판을 따라 먼지를 일으키며 재빨리 내달았다. 경주에서는 나무랄 데 없는 클뤼토네오스가 월등히 뛰어났다. 그는 한 쌍의 노새가 묵정밭에서 갈 수 있는 밭고랑의 길이만큼이나 앞서서 백성들의 무리에 닿았고 다른 사람들은 뒤처졌다. 이어서 그들은 고통스런 레슬링으로 자신들을 시험했는데 이번에는 에우뤼알로스가 가장 훌륭한 자들을 모두 능가했다. 멀리뛰기에서는 암피알로스가 모든 이들 중에서 월등히 뛰어났고, 원반던지기에서는 엘라트레우스가, 그리고 권투에서는 알키노오스의 훌륭한 아들 라오다마스가 모든 이들 중에서 월등히 뛰어났다."[04]

---

04 Ibid., VIII 120~130.

그리고 오뒷세우스가 방랑 끝에 돌아온 고향 이타케에서 돼지치기로 신분을 감추고 구혼경기를 관전하다가 다음과 같이 거지 이로스와의 권투 경기를 행하는 장면이 나타나 있다.

"거지 이로스가 늙은 오뒷세우스에게 꺼지라고 폭언을 하며 대들자, 오뒷세우스는 젊잖게 타이르고 자리를 뜨려고 할 때에 에우페이테스의 아들 안토노오스는 우리는 저녁 때 먹으려고 여기에 기름조각과 피를 잔뜩 채워 놓았소. 둘 중에 누구든지 이겨서 더 우세한 자는 손수 이 밥통들 가운데 하나를 마음대로 고르게 합시다라고 말하며 두 사람의 권투경기를 주선했다. … 늙은 오뒷세우스는 모든 구혼자들에게 젊은 이로스와 둘만의 공정한 경기가 되게 해달라고 엄숙히 맹세를 해줄 것을 종용한다. 그의 부탁대로 모든 구혼자들은 맹세를 했다. 그때에 텔레마코스는 당당한 그대의 기개가 그러하다면 다른 아카이오족은 아무도 두려워마시오. 나로 말하면 그대의 주인이고, 슬기로운 왕인 안티노오스와 에우뤼마코스가 내게 동의하기 때문이라고 말하자 모두들 그의 말에 찬동하였다. … 이후 그는 입고 있던 누더기를 샅에다 메며 신체부위 중 넓적다리와 넓은 어깨와 가슴과 억센 팔을 드러내었다. 그러자 그 모습을 본 이로스는 부들부들 떨며 가운데로 나왔다. … 그때 이로스가 오뒷세우스의 오른쪽 어깨를 쳤고, 순간 그는 이로스의 귀밑 목을 쳐서 뼈를 안으로 오므라뜨렸다. 그러자 당장 입에서 붉은 피가 쏟아지는 가운데 이로스는 비명소리와 함께 먼지 속으로 넘어져 이를 갈며 발꿈치로 대지를 차댔다. 그러자 당당한 구혼자들이 손을 쳐들며 죽자고 웃어댔다. … 그리고 안티노오스는 기름조각과 피를 잔뜩 채워놓은 커다란 염소의 밥통을 그의 앞에 갖다 놓았고 또 암피노모스는 광주리에서 빵 두덩어리를 들어내고 옆에 놓더니 황금 잔을 들어 축하 인사를 했다."[05]

특히 『일리아스』에는 승리한 자에게 그 등위를 정하여 상품을 주었던 내용들이 잘 나타나 있다.

"장례 행사에서 … 그들이 무덤을 쌓고는 돌아가려 했으나 그곳에 아킬레우스가 백성들을 붙들어놓고 큰 원을 그리며 앉게 하더니 함선들에서 가마솥들이며, 세발솥들이며, 말들이며, 노새들이며, 황소들이며, 예쁜 허리띠를 맨 여인들이며, 잿빛 무쇠 같은 상품들을 날라오게 했다. 그는 먼저 날랜 전차 경주자를 위해 그들이 가져갈 상품으로 나무랄 데 없는 수공예에 능한 여인과 손잡이가 달린 스물두 되들이 세발솥을 내놓았다. 이것은 1등을 위한 상품이고, 2등을 위해서는 노새 새끼를 밴 아직도 길들이지 않은 여섯 살배기 암말 한 마리를 내놓았다. 한편 3등을 위해서는 아직 불길이 닿지 않아 처음 만든 그대로 번쩍이는 4되 들이 훌륭한 가마솥을 내놓았다. 4등을 위해서는 황금 두 달란톤을, 그리고 5등을 위해서는 불길이 닿지 않은 손잡이가 둘 달린 항아리를 내놓았다. … 이런 상품들이 전차경주자들을 기다리며 경기장 안에 놓여 있소. … 아카이오이족이 다른 사람의 명예를 위해 경기를 하는 것이라면 아마 내가 일등상을 타가지고 막사로 가져가게 되겠지요."[06]

---

05 Ibid., XVIII 45~120.

06 『일리아스』, XXIII 249~275.

상기와 같이 장례식에서도 그들은 그들의 명예를 위해 운동경기를 하였으며, 등위에 따라 각기 다른 상품들을 내어 놓고, 승리한 자에게 각각의 상품을 주었던 내용들이 잘 나타나 있다. 전반적으로 기원전 800여년에 이르는 당시의 운동경기에서는 대부분 상품을 걸어 놓는 풍습이 있었으며, 이를 통해 경기에 참여하는 선수들 간의 경쟁성을 높이고자 하였던 것이다.

> "펠레우스 아들은 고통스런 레슬링 경기를 위해 상품들을 내놓으며 다나오스 백성들에게 보여주었다. 이긴 자를 위해 그는 불 위에 거는 큰 세발솥을 내놓았는데 아카이오이족은 자기들끼리 이것에 소 열두 마리 값을 매겼다. 지는 자를 위해 그는 여러 가지 수공예에 능한 여인을 가운데로 데려오게 했는데, 그들은 이 여인에 소 네 마리 값을 매겼다. 그는 똑바로 일어서서 아르고스인들 사이에서 이렇게 말했다. 이 경기를 해보고 싶은 자는 누구든 일어나시오! 이렇게 말하자 곧 텔라몬의 아들 큰 아이아스가 일어섰고 계략에 능하고 지략이 뛰어난 오뒷세우스도 일어섰다."[07]

위와 같이 호메로스의 서사시 『일리아스』의 여러 곳에 나타난 바에 의하면, 레슬링 경기를 실시하여 이긴 자에게는 큰 솥을, 진 자에게는 수공예에 능한 아름다운 여인을 상품으로 내어 놓았음을 알 수 있다. 이 외에도 각 운동경기를 실시할 때마다 상품이 각기 달랐다. 특히 장례경기

07 Ibid., XXIII 700~709.

에서 전차경기는 다른 종목에 비하여 상품이 많았으며, 도시국가의 큰
축제가 생겨나면서 선수는 부와 명예를 위한 기회가 되기도 하였다. 그
러나 운동경기에 참여하는 모든 선수들은 상대 선수를 존중하였으며, 최
선을 다하게끔 하는 동기유발의 목적으로 상품들을 내어놓았던 것이다.
이러한 호메로스의 서사시 속에 기술되어 있는 상품들은 대부분이 사용
하지 않은 커다란 철제 솥이나 세발 솥, 아름다운 여인, 소, 말, 나귀, 황
금, 은 동이, 칼, 무구(武具), 청동 창, 도끼 등이었다.

또한 『일리아스』에는 승전을 축하하는 행사에서, 두 사람이 전사한 남
자에 대한 보상 문제로 언쟁을 하는 장면이 묘사되고 있는데, 쌍방은 재
판관, 즉 중재자의 말을 듣기로 하고 시민들은 양쪽에 성원을 보내게 된
다. 따라서 그 결과로 승자도 패자도 없는 상호 격려의 상황에서 윈윈
(win-win)하는 장면[08]이 나타나 있다. 이와 유사한 내용들이 다음과 같이
『일리아스』에서 종종 발견되는데, 이것은 오늘날 스포츠 현장에서 심판
의 판정에 복종하는 선수로서의 자세와 함께 페어플레이 정신과 매우 유
사한 모습이라고 할 수 있다.

> "펠레우스의 아들이 긴 창과 방패와 투구를 갖다놓게 하였다. 이것은
> 파트로클로스가 사르페돈에게서 빼앗은 무구들이다. 그는 아르고스인들
> 사이에 서서 용감한 전사 둘이서 갑옷을 입고 많은 이들 앞에서 날카로운

---

08   Ibid., XVIII 488~508.

칼날로 서로 겨루기를 권유합니다! 누구든 먼저 상대방의 살갗에 상처를
내고, 갑옷을 뚫고, 내장을 건드리는 자에게는 내가 아스테로파이오스에게
서 빼앗아온 은못을 박은 이 트라키안 검을 주고, 두 명 모두에게 내 텐트
에서 식사를 제공하겠소." … 각자 갑옷을 입은 두 영웅은 가운데에서 만
나 싸우기 시작했다. 아이아스가 디오메드의 둥그런 방패는 뚫었지만 안
쪽의 갑옷 때문에 피를 흘리게 하지는 못했다. 디오메드는 그의 창으로 계
속해서 아이아스의 목을 노렸다. … 그의 목숨이 위험하다고 생각된 아카
이오이인들은 경기를 중지하고 상품을 서로 나누도록 했다. 그러자 영웅
아킬레우스가 디오메드에게 칼과 칼집, 그리고 칼을 걸어놓을 수 있는 가
죽 끈을 주었다."[09]

이와 같이 당시의 운동경기는 등위에 따른 상품을 내걸고 경기규칙에
따라 시합을 했으며, 상품 획득을 위한 욕구와 과다 경쟁으로 인해 목숨
을 잃는 경우를 대비해서 경기를 중단하는 예도 있었다. 비록 검술경기
라고 할지라도 당시의 운동경기 문화는 규칙의 틀을 벗어난 행위를 하지
못하게 했고, 인간의 생명을 우선적으로 생각하는 인본주의적 사고가 바
탕을 이루고 있었다.

호메로스의 서사시 『일리아스』와 『오뒷세이아』에는 영웅들의 운동경
기를 통해 얻어지는 정의, 평등, 존중, 규칙준수, 도덕성, 배려, 예의, 공명
정대, 명예의식, 동정심, 페어플레이, 겸손, 인내, 절제 등의 정신성을 강

---

09 Ibid., XXIII 798~812.

조하는 내용들을 종종 발견할 수 있다. 이러한 정신성은 현대의 스포츠 정신과 동질적 기저를 이루는 것으로써, 호메로스는 이러한 운동경기를 통해 획득되는 정신성이 인간의 윤리 및 도덕성 발달에 지대한 공헌을 하고 있음을 보여주었다. 호메로스 시대의 이러한 정신성을 강조하는 운동경기 문화는 이후 그리스의 운동문화가 형성되는 데 원동력이 되었음에 틀림이 없다.

2-2. 고대 그리스의 제전경기와 신체문화

호메로스 시대 이후의 그리스는 전기와 후기로 나뉜다. 100여 개의 도시국가로 이루어졌던 그리스에서 전기를 대표하는 도시국가는 스파르타였으며, 후기를 대표하는 도시국가가 아테네였다.

스파르타는 자유시민이자 지배계급층인 스파르티아타이(Spartiatai), 자유민으로 상공업에 종사하지만 시민권을 갖지 못한 페리오이코이(Perioi-koi), 국유노예로서 헬로타이(Heilōtai)라는 세 계급으로 나뉘어 있었다. 이러한 스파르타의 체육 목적은 군인양성을 위한 행동하는 인간이었다. 따라서 어린아이가 출생하면 신체검사를 받아 병약한 어린이는 타이게투스(Taygetos) 산에 버려졌다.'[10] 7세가 되면 국립 공동교육소에 수용되어

---

10 조명렬·노희덕·나영일 공저, 『체육사』, 형설출판사, 2007. 51~53쪽 참조.

체계적인 교육조직인 '아고게'(Agōgē)[11]의 제일보가 시작된다. '아고게의 소년들은 짚으로 만든 까레 위에서 한 벌의 코트를 걸치고 최소한 1년을 지내며'[12], 아고게는 전투기술과 영양건강 등의 전문 교관들을 통해 소년들의 신체교육에 필수적인 체력 단련에 신경을 기울였다. 그들은 자유유희·투창·무거운 것 던지기·도약·씨름·달리기·소풍·수영·체조·음악·무용 등을 행하였으나 일반 교과목은 배우지 않았다. 18세가 되면 군사훈련, 무장훈련, 국경지역 순시훈련에 전력을 기울였으며, 아고게는 12세부터 시작하여 20세에 끝난다. 20세가 되면 국가에 대한 충성의 선서를 하고 심한 군사훈련이나 실전전투에 참가하였다. 30세까지 군사훈련과 규정된 신체단련에 전념하였으며, 전시에도 신체훈련은 계속되었다. '30세와 35세 사이에는 청혼기간이 주어지며 그 후로 미혼인 경우에는 벌금이 부가될 정도로 스파르타와 아고게는 후계자 생산과 미래 세대의 강건한 스파르타 병사를 원했다.[13] 따라서 국가가 요구할 경우에는 50세까지

11　아고게(그리스어 Άγωγή, 영어 agoge)는 스파르타에서 행해진 극히 엄격한 국가 주도의 교육을 이르는 말이다. 교육 목적은 애국심과 강한 체력을 갖추고 국가에 봉사하는 인간을 키우는 데 있었으며, 국가가 교육을 철저히 통제했다. 그 훈련은 군사훈련과 사냥과 춤과 사회적 준비를 위한 비밀들을 익히며, 자신들의 단체를 위해 충성심 배양을 목표로 교육되었다. 아고게의 용어는 글자그대로 '상승'으로 번역하기도 한다. Liddell Henry & Robert Scott, *A Greek-English Lexicon*, Oxford: Oxford University Press. 1996, p. 18.

12　Nigel M. Kennell, *The Gymnasium of Virtue: Education and Culture in Ancient Sparta (Studies in the History of Greece and Rome)*. Chapel Hill: University of North Carolina Press, 1995, p. 34 참조.

13　Ibid., pp. 35~37 참조.

병역복무를 해야만 했다.

'아고게의 조직은 나이계급으로 나누어진 것뿐만이 아니라 각 계급 내에서는 부아이(Bouai)라는 소조직과 부아고스(Bouagos)라고 불리는 리더를 통하여 경기력의 향상을 유발하며 신체교육을 행했다.'[14] 스파르타의 교육과정은 체육과 군사훈련에 중점을 두었고, 아고게의 청년에게는 그리스 문화권의 운동을 통해 얻는 명예보다 군인의 전시 대비 정신이 요구되었다. '로마 시대에 접어들고 그리스에 대한 스파르타의 영향이 없어진 후에도 스파르타는 열정을 가지고 아고게를 유지했다. 과거와 같은 아고게는 존재하지 않았지만 더 이상 필요 없는 아고게를 계속해서 교육으로서 유지했던 것이다.'[15]

여기에서 '플라톤은 『법률』편에서 소녀 또한 소년처럼 승마, 궁술, 창던지기, 투석 등을 통해 갑옷차림으로 싸움을 배울 기회가 주어져야 한다고 제안하였다.'[16] 즉 '스파르타에서는 소녀들도 20세까지 소년들과 동일한 훈련을 받았던 것이다. 스파르타는 이와 같은 교육체제로 인해 세계 최강의 우수한 군대를 양성하는데 큰 성과를 거두었다. 그들은 군사적 지위를 얻기 위해 개인의 자유, 개성, 가정생활 및 평화적 문화를 희생시켰다. 그러므로 위대한 예술과 사상, 그리고 연극과 시, 건축과 조각은

---

14 Ibid., p. 38.

15 Glenn R. Morrow, *Plato's Cretan City: A Historical Interpretation of the Laws,* New Jersey: Princeton University Press, 1993, p. 54.

16 Ibid., p. 329.

스파르타에서 찾아보기 힘들게 된 것이다.'[17]

플라톤은 '스파르타 시민이 전쟁에 참가할 수 있는 준비를 시키는 기능을 가지고 전문 트레이너를 통해 훈련하고 경기에서 승리하는 것을 비방하였을 뿐만 아니라 그러한 체육의 장려는 그 가치를 쇠퇴시킨다고 보았다.'[18] '당시 도시국가에서 필요로 하는 전투 참가는 보편적으로 그리스 시민의 의무로 받아들여졌다. 스파르타 시민은 평화 시에는 국가의 전쟁을 위한 준비 차원에서 운동을 해야만 했다. 그리고 큰 노력이나 정신을 필요하지 않는 낚시나 들새사냥 보다는 체력과 용기를 함양하는 위험한 짐승의 사냥을 추천하기도 하였다.'[19]

'아테네의 사회 계급은 스파르타와 같이 상류층인 폴리타이(Politai), 외래인 시민인 메토이코이(Metoikoi), 그리고 노예계급인 둘로이(Douloi)로 나누어져 있었다. 아테네는 스파르타와는 달리 민주정치를 표방하였으며, 아테네 교육의 목적은 심신을 조화적으로 발달시켜 지혜로운 인간을 융합하여 심신의 조화적 인격을 갖춘 유능한 시민을 만드는데 있었다. 특히 아테네 후기에는 지혜로운 인간을 교육하는 데 더 많은 비중을 두었다. 당시에 플라톤은 개인주의 철학을 아테네 교육에 적용시킴으로써 개인의 의지와 사회의 요청을 합치시키기 위한 교육 개념을 형성하려고 하

17 조명렬·노희덕·나영일 공저, 55~56쪽 참조.
18 Glenn R. Morrow, 1993, pp. 332~333 참조.
19 Ibid., pp. 334~335 참조.

였다. 아테네에 있어서 체육 목표는 미와 조화라는 그리스의 이상과 일치하였다. 따라서 철학자나 예술가는 신체 운동에 의하여 이루어져야 할 것은 미적이고 이상적인 인간이라는 새로운 개념을 강조하기에 이르렀다. 이로써 젊은 사람들은 조화로운 신체를 만들려고 노력하였고, 그 운동도 미적인 기준에 따라서 행하지 않으면 안되었다. 그들은 힘이나 속도, 지구력 등을 통한 기록의 수립보다는 운동의 형식이나 우아미 혹은 기술을 보다 중요시 하였다. 또한 아테네인들은 청소년들에게 체육을 통하여 용기, 겸양, 결단, 스포츠맨십을 발달시킬 수 있을 것이라고 기대하여 힘이나 경기의 탁월성보다도 성격 형성을 강조하였다. 아테네 어린이들은 공놀이·바퀴 굴리기·그네타기·숨바꼭질·술래잡기·돌차기 같은 것을 행하였다.'[20]

이와 같이 아테네를 주축으로 기원전 6세기 무렵의 그리스는 도시국가 간의 경쟁이 확대되기 시작하였고, 더불어 제전경기가 증가되면서 운동경기가 점차적으로 번성하기 시작하였다.

"고대 그리스의 제전경기는 영웅이나 신을 위한 것이었다. 따라서 대부분 영웅이 죽은 장소에서 실시되었거나 그러한 영웅들이 제우스를 섬기기 위하여 시작된 제전 행사에서 비롯된 것이었다."[21] 그러한 당시의 제전경기는 많은 그리스 도시국가들이 참가하는 행사였으며, 이러한 그

---

20 조명렬·노희덕·나영일 공저, 59~62쪽 참조.
21 김복희, 「플라톤 체육사상의 이상과 현실」, 『체육사학회지』 10(2), 2005. 16쪽 참조.

리스 시대의 고대 올림피아 경기는 4년에 한 번씩 개최되었다. 당시의 도시국가 간에는 분쟁이 그칠 날이 없었으나 올림피아 제전경기가 개최되기 3개월 전부터 그리스 전역에서는 싸움을 중단하고 경기력을 겨루어 보자는 화합과 평화의 정신이 꽃을 피웠다. 이것이 바로 올림피아 제전경기를 통한 휴전과 화의를 의미하는 올림픽 트루스(olympic truce)이다.

기원전 480년 페르시아가 침공한 국가적인 위기 속에서도 올림피아 경기장에는 수천 명의 그리스 관중이 모여 운동경기를 관전할 만큼, 당시의 운동경기에 대한 열정이 대단하였다. 그리스인들에게 건강한 삶의 동기를 제공했던 그들의 운동경기는 근본적으로 종교적 색채를 지니고 있는 제의식 형태의 행사였다. 또한 당시 그리스의 종교 행사들은 예술과 밀접한 관련을 맺고 있었다. 따라서 운동경기자의 뒤에는 항상 조각가와 화가, 시인 등의 예술가들이 존재해 있었다. 당시의 예술가들은 근육이 잘 발달된 나체의 운동경기자들을 통해 인간의 움직임을 표현하고자 노력하였다. 특히 "조각가들은 그들을 통해 영감을 얻게 되었으며, 그들은 운동경기의 관찰자로서 예술가였다."[22] 그들은 운동선수가 지니고 있는 신체의 아름다움을 예술품 제작을 위한 가장 훌륭한 자원으로 생각하였다. 그리고 운동경기자들도 경기를 위해 수련을 함으로써 단순히 신체의 탁월성을 추구하는 것 이상으로 미적 훈련에도 관심을 갖게 되었다.

---

22 김복희, 「고대 그리스 운동경기와 예술에 나타난 운동미」, 한국체육학회 『한국체육학회지』 42(6), 2003. 4쪽.

이처럼 당시의 운동경기는 대단한 인기를 구가하여 점차적으로 많은 경기종목들이 나타나게 되었다. 그리고 그들은 잘 훈련된 운동경기를 통해서 전쟁에서 필요한 신체능력과 용기라는 능력을 함양할 수 있다고 믿고 있었다. 따라서 평상시 그들의 운동경기나 경기를 위한 수련의 내용은 대부분 전쟁의 상황과 유사한 내용을 토대로 하는 것으로 구성되어 있었다.

그리스인들은 신체 단련을 위한 이상적인 수단을 운동경기로 생각하였다. 결국 신체를 단련하는 것은 훌륭한 체격과 체력을 배양함으로써 신체의 모든 부위를 골고루 발달시켜주며 균형 잡힌 몸매를 만들어준다는 믿음을 가지고 있었다. 특히 우리는 현대에 이르러서도 여러 예술가들의 작품을 통해 그들의 균형 잡힌 신체를 볼 수 있으며, 특히 당시의 그리스인들이 나체로 경기를 실시했다는 것을 확인할 수 있다.

그리스인들이 운동경기 연습을 하였던 장소로는 '팔레스트라(palaestra)'[23]와 '김나지움(gymnasium)'[24]이 있었다. 특히 팔레스트라는 어린이들에게

---

[23] 아테네에서 7세 이상의 남자 어린이는 국가에서 관리하는 팔레스트라(Palaestra)에서 체육을 배우게 되는데, 수영과 목욕이 편리하도록 시냇가에 위치했으며, 내부에는 탈의실과 목욕장 등이 마련되어 있는 정사각형 건물로서 내부에서는 도약, 권투, 레슬링 연습을 하였으며, 건물 밖에서는 달리기, 창던지기, 원반던지기 종목에 대해 전문적인 지도자에게 교육을 받았다. 조명렬·노희덕·나영일 공저, 2007. 61~62쪽 참조.

[24] '벌거벗은' 것을 의미하는 gymnos에서 파생한 김나지움(gymnasium)은 고대 그리스에서 국가운영체제의 체육관이다. 그리스의 전성기인 기원전 5세기에는 모든 소도시에는 반드시 김나지움이 있었을 만큼, 신전(theon), 극장(theatron), 광장(agora)과 함께 그리스인들의 일상적 삶의 장소였다. 김나지움은 그들 생활의 최대 사교장이었는데,

체육으로서 레슬링과 달리기를 가르치는 학교였다. 16세가 되면 김나지움으로 옮겨가서 신체훈련을 받았는데, 김나지움은 그리스 조각가들의 작업실과 같았다. 왜냐하면 당시의 조각가들은 김나지움에서 훈련을 하고 있는 운동경기자들의 신체를 모방하거나 그들을 예술의 대상으로 보며 작품을 구상하였기 때문이다. 따라서 김나지움은 운동경기자와 예술이 밀접한 관계를 갖게 되는 장소였으며, 예술가들과 운동경기자들이 함께 하는 공유의 장이었다. '운동경기자가 없는 그리스 조각은 생각할 수 없을 정도로 예술가들은 매일같이 김나지움에서 운동에 참여하는 모든 남성과 소년들의 모습을 볼 수 있었고, 예술가들은 운동경기자들을 통해서 신체에 대한 완벽한 지식을 습득하고자 하였다. 조각가들은 운동경기자들의 움직임에 따라 발생되는 상황에서 근육의 형태라든가 근육의 긴장과 이완의 상태를 면밀히 주시하였고, 이들은 운동경기자들의 신체적 기능을 통해 인체에서 느껴지는 감각적 현상을 예술로 승화시키고자 하였다.'[25] 이와 같이 그리스의 예술가들은 운동으로 신체의 형태가 잘 발달된 운동경기자를 모델로 예술작품을 만들었기 때문에 운동경기는 그리스인들의 신체단련을 위한 목적뿐만 아니라 예술의 발달에도 크게 기여하였다.

"그리스의 운동경기는 현대인에게 결여되어 있는 두 가지 강력한 감

용병이 출현한 3세기 초 무렵부터 그리스의 체육활동이 점차로 줄게 되자, 김나지움도 이전의 역할을 상실하고 보통학교처럼 되어버렸다. Ibid., 62~63쪽 참조.

25 김복희, 오동섭, 2001. 27쪽 참조.

정, 즉 종교적인 헌신과 사랑이 잠재되어 있었다. 이러한 종교적인 헌신과 사랑은 완성된 신체미의 숭배의식으로 인류가 두 번 다시 체험하지 못했던 엄숙함과 환희를 느낄 정도였다. 이것은 몸과 마음의 조화로움이 운동선수를 표현한 예술에 그대로 반영되어 있었다."[26]

이와 같은 시대를 살았던 플라톤의 신체관에 대한 논의는 고대 그리스에서 신체의 이상미를 통해 인간을 표현하고자 하였던 예술작품 속에서 잘 나타나 있다. 그것은 위에서 기술한 바와 같이 고대 그리스 조각이나 항아리 등의 그림에서 표현된 신체가 운동경기나 올림피아 제전경기의 모습이나 그들 운동경기자를 대상으로 하였으며, 그러한 예술작품들 속에서 당시의 신체문화를 엿볼 수 있기 때문이다. 특히 고대 그리스의 예술가들은 신체의 심미적 표현을 위해 고대의 5종 경기와 관련이 있는 종목의 운동 상황이나 선수들의 신체를 다루었다.

"신체의 아름다움을 가장 이상적으로 조형화한 인류 최초의 사람들은 아마도 고대 그리스인들일 것이다. 그들은 아름다운 신체를 관찰할 수 있는 기회를 많이 가질 수 있었기에 그것으로부터 완벽한 예술의 미로서 인체미를 구현해낼 수 있었다. 즉 그리스의 예술가들은 감각미를 통해 아름다운 자연을 깨닫게 해 주었고, 그것으로부터 숭고한 특성이 무엇인지를 알 수 있게 해주었다. 따라서 그들은 감각미로부터 인간적인 요소를 얻을 수 있었으며, 이상미를 통해 신적인 요소를 얻을 수 있었

---

26   김복희, 2003. 4쪽.

던 것이다."[27]

고대 그리스의 예술가들 중에서 "화가인 제우시스(Zeuxis)는 헤라 신전의 헬레나 여신상을 제작할 때에 아름다운 여신의 모습을 표현하기 위해서 다섯 명의 크로톤 섬의 처녀들을 모델로 하여 각각의 모델로부터 아름다운 부위를 선택해서 봉합적으로 재현했다고 한다. 또한 피디아스(Phidias, 기원전 500~432)도 올림피아 신전에 봉납되는 옥좌에 앉은 제우스 신상을 제작할 때, 종아리 부분을 실제보다 짧게 만들어, 아래에서 위로 올려볼 때의 시각적 환영을 제거함으로써 마침내 그 조각상을 정상적인 다리로 보이도록 했다."[28] 이것은 '그렇게 될 수 있는 상태나 또는 마땅히 그래야만 하는 상태로서 우리들 눈앞에 나타난 것'[29]으로 재현을 하였던 것이다.

"기원전 5세기에 이르러 고전기 조각가들은 더하고 빼는 식의 조각이 아닌 살아 있는 인체에 관심을 둔 인체의 조각을 제작하기 시작하였다. 따라서 전성기 그리스의 조각상들은 그 이전 시대의 조각상들과는 다르다. 바로 조각상에 움직임과 생명이 숨쉬기 시작한 것이다. 조각가 클레이톤과 소크라테스의 대화는 이러한 사실을 뒷받침해주고 있다. 소크라

---

27 이승건, 『미학적 관점에서 본 고대 서양의 신체문화』, 한국체육대학교 대학원, 2007. 46쪽.

28 E. Panofsky, *The History of the Theory of Human Proportion as a Reflection of the History of Styles, Meaning in the Visual Arts*, New York: Penguin Books, 1983. p. 26.

29 Plotinus, *Ennesdes*, V, 8, 1.

테스가 클레이톤에게 달리기, 멀리뛰기, 레슬링, 원반던지기, 창던지기의
5종 경기자들을 제각기 다르게 빚어내면서 어떻게 입상 조각에 살아 숨
쉬는 듯한 생명력을 부여하는지를 물으니, 그가 자세를 취하는데 따라서
몸이 솟거나 가라앉고, 웅크리나 내뻗고, 긴장하거나 이완하는 모습을
올바르게 재현할 줄 알아야 한다고 했다."[30] 이러한 내용으로 보아, "운동
선수들의 다양한 자세에서 야기되는 신체 변화의 파악은 그리스의 조각
가들에게 생명력 있는 운동성의 조형이 그들의 관심사였음을 증명해주
고 있다."[31]

그리스인들은 자신의 신체의 아름다움을 추구하고자, 성인기에 이르
기까지 지속적으로 신체를 단련하였으며, 신체를 아름답게 만들기 위해
많은 노력을 기울였다. 그 예로서 "스파르타의 청소년들은 열흘에 한 번
씩 행정 감독관 앞에서 나체로 신체검사를 받았는데, 이때 군살이 붙을
징후가 보이는 청소년이 발견되면 감독관은 아름다운 신체의 유지를 위
해서 그에게 절식을 명령했다"[32]고 한다. '올림피아 제전경기에서 가장
중요한 인물은 헬라노티카이(hellanotikai)라고 알려진 경기관리인들인데,
그 이름은 문자 그대로 그리스 심판들로서 운동선수들에게 엄격한 식단
과 혹독한 연습체계를 실행시키는 자'[33]로서 당시의 청소년들은 그들로

---

30   Xenophon, 최혁순 옮김(1988), 『소크라테스 회상』, 범우사, 1988. 10쪽 참조.

31   이승건, 2007. 48쪽.

32   솔로몬 피시맨, 민주식 옮김, 『미술의 해석』, 학고재, 1995. 34쪽.

33   Judith Swaddling, 김병화 옮김, 『올림픽 2780년의 역사』, 효형출판사, 2004. 84~86쪽

인해 훌륭한 신체를 얻었을 수 있었다. 그리고 당시의 심판관들은 신체에 결함이 없는, 탁월한 신체를 지닌 사람들 중에서 선출하였으며, 이들은 젊은 운동경기자들의 모방의 대상이었다.

고대 그리스의 예술가들이 추구하였던 신체와 영혼의 조화라는 사고는 당시 인간의 외면적 행위와 내면적 가치를 연관함으로써 이상적 인간상을 제시한 플라톤의 미학사상에 잘 나타나 있다. 즉 "플라톤은 이상적 인간상이 교육(paideia)을 통해서 성취될 수 있다고 강조한다. 즉 인간에게 신체교육(gymnastikē)과 시가교육(mousikē)이 조화롭게 이루어질 때, 신체와 영혼의 이상적인 완성으로부터 최상의 덕(德 aretē), 즉 궁극적으로는 선미인(kaloskagathos)의 실현을 이루게 된다"[34]고 한다.

"플라톤으로 대표되는 당시 그리스의 시대정신을 감안해 볼 때, 그리스 예술가들은 그들이 구현하려고 했던 아름다운 인체의 이상이란 바로 살아 있는 인간의 모습을 모델로 한 건강한 신체를 소유한 덕스러운 인간이라고 할 수 있다. 이와 같은 사실은 플라톤이 주장하고 있는 신체와 영혼의 조화에서 얻어지는 이상적 인간상, 즉 최상의 덕을 담을 수 있는 건강한 신체를 소유하는 현실에서의 건강한 인간의 모습이야말로 우리가 추구하려는 인체 탐구의 중심부에 위치시켜야 할 진정한 아름다운 신체의 전형인 것이다. 더욱이 이러한 고대 그리스의 신체문화는 그리스인

참조.

34 안용규, 『체육철학』, 한국체육대학교, 2010. 86쪽 참조.

들이 그들의 삶 속에서 신체 및 신체활동을 통해 기쁨(hedonē)을 얻고, 그럼으로써 행복(eudaimonia)을 추구하려 했던 영혼의 좋은 습성(hexis)이 만들어낸 향연이라고 할 수 있다.ᵂ³⁵

그러나 플라톤 당시에 실시되었던 운동경기는 이상적 신체관과 건강한 신체를 위한 놀이 개념의 운동경기가 아닌 전문적인 운동경기자가 출현하면서 본래의 순수성을 상실하고 변질되기에 이르렀다. 또한 직업적 경기자들은 경기에서 승리하기 위하여 고통스러운 훈련의 과정을 거쳐야 했다. 그리고 일반 그리스인들은 운동경기에 직접 참여하는 것보다 관전만 하게 되는 상황에 머물게 됨으로써 운동을 경시하는 풍조가 나타나게 되었다. 따라서 플라톤은 운동경기자의 경험을 가진 철학자로서 점차적으로 변질되어 가는 당시의 운동경기자와 일반인들의 신체문화 풍조의 상황을 비판하면서 새로운 체육에로의 변화를 추구한다. 특히 『국가』편에서는 이상국가를 위한 체육을 주장하게 되는데, 주로 건강한 삶을 위한 수단으로서 체육과 국가 수호를 위한 체육에 대해 많은 언급을 하였다. 또한 『법률』편에서는 체육을 행하는 목적에 관한 논의와 함께 체육교육의 내용과 방법론에 대해 논의하면서 올바른 운동경기의 모습을 되찾기 위한 시도를 하게 된다.

---

35 이승건, 2007. 87쪽.

3. 플라톤 철학 속의 신체

이 장에서는 플라톤 철학 속에 나타난 신체관을 인식론적 측면과 도덕적 측면에서 접근할 것이다. 일반적으로 플라톤 철학에서 신체를 통한 감각적 인식은 부정적으로 평가되어 온 것이 사실이다. 그러나 플라톤이 감각의 인식론적 기여도를 전적으로 부정했는지는 보다 신중한 분석이 필요한 것으로 생각된다. 신체에 대한 도덕적 평가 역시 영혼과 신체의 조화의 관점보다는 양자의 대립이나 분리의 관점에서 논의된 경향이 강하다. 이로 인해 플라톤에게서 '영혼은 선이고 신체는 악이다'라는 극단적인 평가가 이루어져온 것으로 보인다. 이 장에서는 먼저 상기설에 나타난 감각의 인식론적 역할을 플라톤의 대화편 『파이돈』과 『메논』 그리고 『향연』편을 중심으로 살펴볼 것이다. 그리고 신체의 도덕적 평가와 관련해선 사후세계에 이루어지는 영혼에 대한 심판문제를 언급하고 있는 『파이돈』과 『국가』편의 신화를 중심으로 살펴볼 것이다.

3-1. 영혼의 감옥으로서 신체

플라톤은 『파이돈』편에서 '신체는 감옥'(phroura)[01]이라고 하며, 인간에게 있어 본래의 생은 사후 영혼이 신체로부터 해방되는 것에 있다고 하였다. 이것은 불사의 영혼이 생성소멸하는 신체로부터 독립한 신적인 실체이며, 반대로 다양한 정념과 욕망의 원천이 되는 인간의 신체는 이른바 영혼의 감옥이 된다는 것이다.

'신체는 감옥'이라는 명제는 원래 '오르페우스(Orpheus)교'[02](기원전 6세기)와 피타고라스(Pythagoras)학파(기원전 5~4세기)의 교의에서 유래한 것으로, 기원후 2세기 이후의 아테나고라스(Athenagoras)와 아테나이오스(Athenaios) 등에 의해 전해져 10세기의 수다(Suda) 사전에서도 그 기록을 볼 수

---

01 『파이돈』, 82e. 이하의 『파이돈』, 『메논』, 『국가』, 『법률』편 번역은 박종현의 번역을 따랐다. 이 논문의 편의를 위해 박종현의 '혼'의 번역어는 모두 '영혼'으로 바꾸어 사용하였다. 또한 필요한 경우에 한해 필자의 직접적인 번역이 사용되었다. 이밖에도 『향연』편은 박희영 또는 최명관의 번역을 따랐다.

02 "오르페우스교에서는 인간의 기원과 영혼에 대해 설명하고 있는데, 인간의 기원은 Titan이 Zeus의 아들인 Dionysus를 잡아먹은 죄로 벼락을 맞아 타다가 남은 연기 속에서 인간이 형성되어 인간은 Zeus의 신적인 속성과 Titan의 사악한 요소를 겸하여 가지고 있다. Titan이 범한 죄로 인하여 인간은 가사적인 신체와 불멸의 영혼으로 구성되어 있으며, 이들 가운데 신체는 가멸적인 것뿐만 아니라 영혼의 감옥이요, 무덤인데 대하여 영혼은 신적인 것이요, 불멸의 것이며, 그의 무덤이요, 감옥인 신체를 벗어나서 그의 고향인 신의 세계에로 돌아가는 것을 궁극적인 목표로 삼는다. 오르페우스교의 추종자들은 영혼의 신체로부터의 해방 그리고 일련의 생과 사, 환생이라는 윤회과정에서 벗어날 수 있기 위해 그들 자신만의 고유한 의식과 금욕주의를 강조한다." 손병석, 「아리스토텔레스의 질료·형상설에 대한 심신가치론적 고찰, 한국철학회」, 『철학』, 2005. 39쪽 참조.

가 있다. 또한 신플라톤파(neo-platonism)의 플로티노스(Plotinos, 204~270)에 의해 플라톤의 신체 멸시사상이 그리스도교의 원죄 사상과 연결되는 교부철학으로서 중세의 신학에 커다란 영향을 주게 되었다. 더욱이 근대에 이르러 니체(Friedrich Nietzsche, 1844~1900)에 의해 그리스도교는 '대중을 향한 플라톤주의'로 규정되어 소크라테스와 플라톤의 철학도 생과 신체에의 부정적 억압으로서의 데카당스로 간주되었다.

이러한 플라톤의 영혼우위론, 달리 표현해 신체 경멸 사상은 실상 『파이돈』편 전체를 관통해서 어렵지 않게 확인되고 있는 것이 사실이다. 아래의 인용문은 이것을 단적으로 알 수 있게 해준다.

"우리가 신체를 갖고 있고 우리의 영혼이 그런 결함 있는 것과 범벅이 된 상태로 있는 한, 우리는 우리가 열망하고 있는 것을 결코 획득하지 못한다. 이것을 우리는 진리라고 말한다. 신체는 우리를 욕정들과 욕망들, 두려움들 그리고 온갖 환영과 하고많은 어리석음으로 가득 채우게 되어 진실로 우리가 신체로 인해서 아무런 생각도 할 수 없게 된다. 전쟁과 불화들 그리고 싸움들을 일으키는 것은 신체로 인한 욕망들이다. 재물의 소유 때문에 전쟁이 일어나지만 우리가 재물을 소유하지 않을 수 없게 되는 것은 신체로 인해서이다. 신체로 인한 이 모든 것 때문에 우리는 철학과 관련해서 여가 부족의 상태로 지내게 된다. … 신체가 우리의 탐구 과정 도처에서 끼어들어 소란과 혼란을 일으키며 얼빠지게 만들어 신체로 인해서는 참된 것을 볼 수 없게 된다. … 우리는 신체에서 해방되어야만 하며 사물들을 그 자체로 영혼 자체에 의해서 바라보아야 한다."[03]

상기의 내용에서 플라톤은 우리가 진리에 도달하기 위해선 신체의 본성적 욕망으로부터 철저하게 벗어나야 함을 주장하고 있다. 신체는 기본적인 생존을 위한 욕구로부터 시작해서 그 욕구의 무제한적인 충족을 위해 재물을 소유하고자 하며, 결국 그로 인해 인간사의 많은 분쟁과 불안을 야기하는 원인이 되는 것이다. 이런 이유로 플라톤은 '영혼의 순수한 사고를 최대로 발휘하기 위해서는 신체로부터 최대한 해방되어야 함'을 강조한다. 시각이나 청각과 같은 신체적인 감각은 전혀 우리의 정확한 앎에 기여하지 않기 때문이다.[04] 이런 이유로 플라톤은 영혼을 신체로부터 철저하게 분리시켜야 함을 강조하는 것이다. 그리고 이러한 '영혼과 신체의 분리와 해방이 이루어지는 순간이 바로 죽음이다.'[05] 철학이 '죽음에의 연습(meletema)'[06]이 되어야 하는 이유가 여기에 있다. 플라톤의 신체와 영혼에 관한 이러한 견해는 위에서 언급한 것처럼 피타고라스학파의 영향을 받은 것으로서 결국 '신체는 영혼의 무덤'[07]이라고까지 볼 수 있게 하는 논거가 될 수 있다. 이와 같이 "인간의 신체와 영혼에 대한 플라톤 사상의

03　『파이돈』, 66b~d.

04　Ibid., 65b 참조.

05　Ibid., 67c~d 참조.

06　Ibid., 67b~e; 김창래, 「철학의 욕망 I . 끝으로부터 철학하기」, 고려대학교 철학연구소 『철학연구』, 41, 2010. 252쪽.

07　Ibid., 82d~e.

전반적인 내용은 영혼의 강조에 집중되었고, 그래서 그의 철학적 인간학은 본질적으로 영혼의 학문이라고 말할 수 있을 정도"[08]이다.

　　그러나 우리는 "플라톤의 신체관을 영혼을 위한 하위개념으로서만 소극적으로 취급해서는 안 될 것이다. 왜냐하면 플라톤에게 있어서 신체는 영혼과 조화(harmonia)를 이루어, 이상적 인간으로서 선미인(kaloskagathos)의 형성을 위해 없어서는 안 될 교육상의 필수요건으로 틀림없이 고려한 부분이 있기 때문이다. 이제 플라톤의 신체는 더 이상 영혼을 가두어 놓는 감옥이 아니라는 것을 밝혀야 할 것이다."[09] 즉 플라톤이 언급하는 신체는 틀림없이 영혼과의 상호관련의 체계 속에서 존재시킴으로써 재검토되어야 할 것이다. 따라서 이와 같은 논의를 위해 필자는 플라톤의 대화편 중 『파이돈』편을 자세히 살펴볼 것이다.

3-2. 『파이돈』편에 나타난 영혼과 신체의 관계

　　전통적으로 『파이돈』편은 플라톤의 '영혼우위설'이 가장 강조된 대화편이며, 따라서 '신체경멸설'을 강조하는 대표적인 작품으로 평가되고 있다. 이것은 형상(eidos)이나 이데아(idea)는 신체(soma)가 아닌 영혼(psy-

---

08　J. 힐쉬베르거, 강성위 옮김, 『서양철학사』, 이문출판사, 1884. 164쪽.

09　이승건·안용규, 「플라톤의 관념론에서 육체(soma)와 체육(gymnastikē)의 의미」, 한국체육철학회 『한국체육철학회지』 15(2), 2007. 155쪽 참조.

chē)에 의해 인식이 가능하기 때문이다. 이것을 위해 플라톤이 『파이돈』편에서 강조하는 철학적 원리가 바로 신체는 죽어도 영혼은 불멸한다는 것이다. 따라서 영혼의 선재성과 불멸성을 논증하기 위한 작품이 『파이돈』편의 주된 목적이 된다. 이러한 이유로 플라톤의 영혼의 신체에 대한 존재론적 내지 인식론적 우월성이 이 작품의 핵심적인 원리이자 기본적인 철학이 된다는 것이 이미 학자들 대부분의 공유된 견해라고 말할 수 있다. 필자 역시 『파이돈』편의 주제가 영혼의 존재론적 내지 가치론적 우선성을 논증하기 위한 목적에서 쓰여 졌고, 그것이 플라톤의 기본적인 생각임을 부정하지 않는다.

그러나 이러한 영혼우위사상이 플라톤의 주된 입장임에도 불구하고, 플라톤 신체철학에서 플라톤이 '과연 신체가 단순히 영혼의 감옥으로서 영혼의 형상에 대한 인식을 철저하게 방해하는 악적인 요소로만 간주 하였는가'의 문제와 관련된 이해에 있어 약간의 시정이 필요한 것으로 보인다. 뒤에서 보다 자세히 소개되겠지만 『메논』이나 『향연』 또는 『국가』편과 같은 플라톤의 대화편을 고려할 때, 영혼의 이데아에 대한 일련의 인식과정이 신체와 결합된 이승에서 이루어질 경우, 플라톤은 감각의 기여를 전적으로 부정했다고 보기 어렵기 때문이다. 이것은 달리 말해 플라톤의 영혼우위설과 감각의 상대적 기여도를 굳이 모순되거나 충돌하는 것으로 이해할 필요까지는 없다는 필자의 문제의식에서 비롯한다. 이를 위해 '신체에 의한 감각작용이 영혼의 이데아에 대한 인식작용에 기여하는가'와 관련하여 중요한 정보를 제공하는 것으로 생각되는 플라톤의 '상기설'(anamnesis)을 먼저 살펴볼 것이다.

3-2-1. 신체적 감각의 인식론적 역할

『파이돈』편에 나타난 감각의 인식론적 역할에 관한 고찰은 플라톤이 제시하는 상기설과 관련시켜 이해하는 것이 필요하다. 특히 『파이돈』편 74b에서부터 76a에 걸쳐 기술되고 있는 상기설을 둘러싼 심미아스와 소크라테스의 대화는 감각(aisthesis)의 역할에 대한 중요한 정보를 제공하는 것으로 보인다.

> "우리는 지식(epistēmē)을 어디서 얻게 되었는가? … 이들 같은 것들(ta isa)과 같음 자체(auto to ison)와 관련해서도 … 어쨌든 이것들로 해서 자네는 그것에 생각이 미치게 되었으며 또한 그것에 대한 지식도 얻게 되었겠지? 그분께서 물으셨습니다. 더 없이 참된 말씀이십니다. … *어떤 것을 보고서 이 봄(opsis)으로 해서 다른 것에 자네 생각이 미치게 되는 한 그것이 닮은 것이건 또는 닮지 않은 것이건 간에 상기함은 필연적일세.* … 우리가 이에 대해 생각을 하게 된 것이나 할 수 있는 것도 다른 것으로 해서가 아니라 보거나 촉각에 의해 느끼거나 또는 그 밖의 다른 어느 감각적 지각으로 해서라네. 이것들 모두를 나는 동일한 것(tauton)으로 말하고 있네. … 그러니까 우리가 보고 듣고 그 밖의 감각지각들을 하게 된 것은 태어난 뒤에 곧 하게 된 것이네. … 우리가 태어나기 전에 갖게 되었다가 태어나면서 잃어버렸지만, *나중에 이것들과 관련해서 감각적 지각들을 이용하게 됨으로써*

언젠가 이전에 우리가 갖고 있던 그 지식들을 도로 갖게 된다면, 우리가 배우는 것(manthanein)이라 일컫는 것은 자신의 것인 지식(oikeia epstēmē)을 되찾아 가게 되는 것(analambanein)이 아니겠는가? 이걸 우리가 상기하게 되는 것이라 말한다. … 누군가가 보거나 듣거나 또는 다른 어떤 감각적 지각(aisthesis)을 갖게 됨으로써 무엇인가를 지각하게 되면, 이로 해서 그가 잊고 있던 다른 무엇인가를 생각해 내는 것이 가능하다는 이점이 실은 밝혀졌기 때문이네."[10]

위의 인용문에서 플라톤은 먼저 '우리는 지식에 관한 앎을 어디에서 얻게 되는가?'를 묻는다. 그리고 이에 대한 답을 찾기 위해 '같은 것들'(ta isa)과 '같음 자체'(auta ta isa)[11]의 구별을 통해 논증을 시도한다. 여기서 중요한 것은 플라톤이 '같음 자체(auto to ison)', 달리 표현하면 '같음의 이데아' 내지 '형상'이 '같은 것들'로부터 온다는 것을 부정하지 않고 있다는 점이다. 물론 이러한 논증에서 플라톤은 '감각을 통한 앎과는 다른 종류의 동등함 자체에 대한 에피스테메(episteme), 즉 지식이 있고, 이것은 감각적 앎에 의해서는 파악될 수 없다'[12]고 보는 것은 사실이다. 감각 지각은 동일성 자체에 대한 지식을 제공하는데 적합한 앎의 종류가 아니기 때문이다. 플라톤에 따르면 '같음 자체'와 같은 이데아나 형상에 대한 인

10　『파이돈』, 74b~76a. 위 인용문에서 이탤릭체는 필자가 강조를 하기 위해 사용한 것임. 이하의 인용문들의 이탤릭체 역시 필자의 강조임.

11　Ibid., 74e.

12　Ibid., 74e~75c.

식은 어디까지나 감각이 아니라 지식이기 때문이다. 그리고 이러한 지식은 후천적으로 갖게 되는 것이 아니라, 영혼이 원래 속했던 이데아계에서 알고 있었던 지식에 의해 가능하다. 이런 이유로 플라톤이 감각과 지식의 두 종류를 구분하면서 목표로 하는 것은 바로 영혼의 선재성과 그것의 불멸성에 관한 강조라고 말할 수 있다.

그러나 문제는 플라톤이 이러한 지식을 우리의 '영혼이 신체와 함께 하는 순간 잃어버린다고 본다'[13]는 점이다. 그렇다면 이러한 잃어버린 지식 내지 앎을 어떻게 획득할 수 있는가의 문제가 발생할 수밖에 없다. 여기서 일종의 논리적 딜레마의 문제가 발생한다. 즉 형상은 지식에 의해서만 알 수 있고, 우리는 태어나는 순간 이승에서 지식을 잃어버리게 되는데 어떻게 영혼이 이데아를 인식할 수 있는가 하는 것이다. 여기서 우리는 이승에서 형상을 결코 알 수 없거나, 죽은 이후에만 아는 것이 가능하다. 만약에 후자라면 이승에서의 형상에 대한 인식은 포기될 수밖에 없다. 그러면 플라톤은 이승에서 형상을 파악할 수 있는 가능성을 인정하는가? '상기'(anamnesis)설이 바로 플라톤의 답변이라 말할 수 있다. 그리고 중요한 것은, 앞의 인용문에 나타난 것처럼, 플라톤은 감각을 상기를 하기 위한 자극 내지 촉발의 역할을 부여함으로써 논증을 전개하고 있다는 것이다. 즉 플라톤은 우리가 이전에 갖고 있었던 지식을 회복하기 위한 방법으로 상기를 주장하고, 그러한 상기의 중요한 첫 단계를 감

13　Ibid., 66e 참조.

각에서 찾고 있는 것이다. 또한 앞의 인용문에서 기술된 것처럼 플라톤에 따르면 우리는 '어떤 감각적인 것을 보거나, 듣고, 또는 촉각에 의해 느끼는 것과 같은 감각적 지각을 통해' '같음 자체'에 대한 상기를 할 수 있다는 것이다. 요컨대 감각이 바로 상기의 출발점이 될 수 있는 것이다.

그렇다면 영혼의 형상에 대한 상기를 위한 감각의 촉발적 역할이 어느 정도 인정될 수 있을까? 플라톤의 기본적인 입장은 '동등한 것들' 또는 '같은 것들'을 보고 '동등함 자체'나 '같음 자체'를 상기할 수 있다는 것이다. 즉 리라를 보고 리라의 주인 내지 소유자를, 그리고 심미아스의 그림을 보고 심미아스 자체를 떠올릴 수 있다는 것이다. 물론 이러한 감각적 대상을 봄을 통한 상기가 형상 인식의 근거가 될 수 없음은 분명하다. 플라톤에게서 이성의 대상과 감각의 대상은 전자가 필연적이며 불변적인 가지적인 것(noeton)이라면, 후자는 생성소멸하는 가변적인 것, 즉 감각적인 것(doxaston)으로 다르게 규정되기 때문이다. 그러나 이러한 대상의 다름에도 불구하고 플라톤이 상기의 과정에서 감각의 역할을 굳이 부정하고 있는 것이 아니라는 점이 주목될 필요가 있다.

> "나무토막이나 돌들 또는 동등한 다른 것들을 봄으로써 우리는 그것들과 다른 동등함과 같은 다른 것을 생각하게 된다. … 그것은 분명 동등한 것들로부터 나온다. 비록 그것들이 동등함 자체와 다르다할지라도, 너는 동등함의 지식을 얻어내고 파악하였다. … 분명 우리는 우리의 동등한 것에 대한 개념이 보거나 만지거나 또는 다른 감각 지각으로부터 온다는 것에 동의하였다. 그리고 *다른 방식에 의해 우리에게 올 수 없다*. 왜냐하면

이러한 모든 감각은 동일하기 때문이다."[14]

상술한 인용문들은 개별적인 것들에 대한 감각적 앎을 통해 지식을 얻어낼 수 있음을 말해주는 것으로 이해할 수 있다. 이것은 감각의 거처 내지 감각이 속하는 신체가 형상에 대한 인식에 방해가 된다는 것에 반하는 언급들이다. 감각은 형상의 인식을 위한 직접적이며 적극적인 인식방법은 아니지만, 어떤 의미에서 형상이나 진리를 상기하기 위한 수단이 될 수 있다는 것이다. 물론 이것은 형상 인식이 어디까지나 감각이 아닌 지식에 의해 이루어져야 한다는 전제조건하에서임은 물론이다. 그러나 중요한 것은 플라톤이 동등함 자체와 같은 이데아에 대한 인식과정이 보거나 만지는 것과 같은 감각과정을 부정하고 이루어지지는 않는 것으로 본다는 점이다. 이것은 상술한 인용문에서 감각지각에 의한 앎이 동등함 자체와 다름에도 불구하고 인식의 출발이 감각과 더불어 시작된다는 말에서 알 수 있다.

그러나 『파이돈』편의 여러 곳에서 기술되고 있는 신체에 대한 언급은 신체를 통한 감각적 파악의 기여를 인정하는 것으로 보기는 어려운 것이 사실이다. 예를 들어 '신체를 통해'[15] 또는 '신체에 대한'[16], '신체와의'[17],

---

14 Ibid., 74b~75a.

15 Ibid., 65a.

16 Ibid., 64e.

17 Ibid., 65a.

'신체로 인해서'[18], '신체에 따른'[19] 등과 같은 다양한 표현들은 영혼의 이데아에 대한 상기가 신체와 함께 하는 방식을 통해서는 가능하지 않음을 강조하는 부정적인 표현들이다. 요컨대 영혼의 상기는 어디까지나 신체와 분리되거나 떨어짐으로써 가능하다는 것이 플라톤의 기본적인 생각이다. 영혼은 신체를 부정함으로써 본연의 사고 작용을 왕성하게 발휘할 수 있다는 것이다. 그렇기 때문에 우리가 『파이돈』을 읽으면서 영혼 우위설의 관점을 주장하는 지금까지의 전통적 해석을 부정하면서까지 감각의 인식론적 위상을 과도하게 평가해서는 안 되는 이유가 여기에 있다. 그렇다면 이러한 영혼우위설의 틀 내에서 플라톤의 신체관을 좀 더 긍정적으로 해석할 수 있는 가능성은 어디서 찾아질 수 있을까? 이 질문에 대한 플라톤의 명시적이며 긍정적인 답을 『파이돈』편에서 찾기는 어려운 것이 사실이다. 우리는 플라톤의 신체에 관한 부정적인 많은 명시적 언급들 속에서 신체의 역할을 긍정적으로 볼 수 있는 가능성에 주목하지만 이러한 탐구는, 적어도 『파이돈』편에서 처음부터 녹록치 않았던 것이 사실이다. 아래의 인용문은 그런 점에서, 어렵지만 신체의 존재성이 완전 부정되지만은 않을 수 있는 가능성을 엿볼 수 있게 해준다는 점에서 그 의미가 있다.

---

18 Ibid., 66d.

19 Ibid., 79c.

"만일에 신체와 함께는 아무것도 순수하게 알 수가 없다면, 다음 둘 중
의 하나일 것이기 때문이지. 전혀 앎(to eidenai)을 얻을 수 없거나 아니면 죽
어서나 가능하거나. 그때에야 영혼은 신체와 떨어져 그 자체로만 있게 되
지, 그 이전에는 결코 그렇게 되지 못하니까. 또한 우리가 살아 있는 동안에
는 이런 식으로나 앎에 가장 가까이 있게 될 것 같아. *절대적으로 필요한 경
우가 아니면, 되도록 신체와는 전혀 같이 지내지도 함께 하지도 말며, 신체
의 본성으로 영향을 받는 일도 없게 하되, 신이 몸소 우리를 자유롭게 해줄
때까지는 우리가 자신을 신체에서 순수한 상태로 유지할 때에나 말이지.*"[20]

위 인용문에서 플라톤은 영혼이 신체와 함께해서는 순수한 사유가 불
가능할 경우, 우리에게 두 가지 선택지가 남는다고 말한다. 하나는 신체
와 결합되어 있는 이승에서는 지식을 가질 수 없거나, 아니면 신체와 분
리된 사후에나 순수한 사고가 가능한 경우다. 그러나 앞서 언급한 것처
럼 플라톤은 이승에서의 앎의 가능성을 전적으로 부정하지는 않는다. 상
기설을 통한 인식의 가능성을 말하고 있기 때문이다. 문제는 이러한 상
기가 신체와 결합된 이승에서 이루어질 수밖에 없는데, 그것이 어떻게
가능한가 하는 것이다. 위 인용문에서 플라톤은 '절대적으로 필요한 경
우가 아니라면'(me pasa anangkē)이라는 단서를 달면서 신체에 대해 이중
적인 태도를 보이는 것으로 보인다. 순수한 사고를 위해서는 영혼이 신
체와의 접속이나 결합을 기본적으로 지양해야 되지만, 다른 한편으론 영

---

20 Ibid., 66e~67a.

혼이 이데아에 대한 상기과정에서 부득이하게 신체의 도움이 필요한 경우의 가능성을 내비치기 때문이다. 만약에 후자의 경우가 가능하다면, 그것을 어떤 경우로 이해할 수 있을까? 『파이돈』편에서 이에 관한 플라톤의 분명한 답을 찾기는 어려운 것으로 보인다. 필자가 이에 관련하여 생각해 볼 수 있는 경우는 두 가지인데, 하나는 『파이돈』편에서의 조화설이고, 다른 하나는 『향연』편에서의 에로스를 통한 진리의 상승과정에서의 사다리 비유이다.

먼저 『파이돈』편에서 우리가 관심을 가질 수 있는 부분은 심미아스의 하르모니아(harmonia)설, 즉 조화설이다. 같은 책의 대화편에서 심미아스는 소크라테스에게 자신의 조화설을 다음과 같이 주장하고 있다.

> "리라와 현들의 조율된 조화(harmonia)에 관련해서도 같은 주장을 펼칠 수 있을 것입니다. 즉 조율된 조화란 볼 수 없고(aoraton) 물질적이지 않으며(asōmaton) 아주 아름다운(pankalon) 어떤 것이며 조율된 리라에 있어서 신적인 것(theion)이지만, 리라 자체와 현들은 물체들(sōmata)이며 물질적인 성질의 것들이고 복합적인 것들이요, 지상의 것들이며 죽게 마련인 것(to thnēton)과 동류인 것들이라는 것입니다. 따라서 누군가 리라를 부수거나 현들을 자르고 뚝 끊을 경우에, 만약에 누군가 저 조율된 조화는 여전히 있으며 소멸되지 않는다고 주장한다면, ― 현들이 뚝 끊기고 리라와 현들이 사멸하는 성질의 것들이기에, 여전히 존재할 아무런 방도도 없지만 신적이며 사멸하지 않는 것과 같은 성질의 것이며 동류의 것인 조율된 조화는 소멸되어 버리니까요. 그것도 사멸하는 것에 앞서 소멸해 버리는 것입

니다. ― 그는 이 조율된 조화가 어딘가에 여전히 존재하는 게, 그리고 이것
이 무슨 일을 겪기 전에 그것의 나무와 현들이 먼저 썩어버릴 게 필연적이
라고 말하겠죠."[21]

위의 인용문에서 심미아스는 영혼을 리라가 내는 음의 하르모니아
(harmonia), 즉 조화에 유사한 것으로 비유하면서, 소크라테스의 영혼불멸
설 주장에 회의적인 입장을 제기한다. 즉 영혼이 설사 죽음 이전에 존재
함을 입증했다 할지라도 '그것이 죽음 이후에도 타당할 수 있는지'를 의
문시 하는 것이다. 심미아스의 주장에 따르면 리라의 하르모니아는 리라
의 현과 같은 물질적인 것에 의존하여 존재하기 때문에 리라의 현이 끊
기게 되면 조화 역시 사라질 수밖에 없다. 이것은 비물질적인 조화로서
의 영혼 역시 물질적인 리라의 현이 파괴되면 소멸될 수밖에 없음을 의
미한다. 이러한 심미아스의 입장은 아래의 인용문에서 보다 분명하게 피
력되고 있다.

"혼합(krasis)과 조화(harmonia)가 우리의 영혼이라는 것이죠. 그러나 이
것들이 서로 훌륭하고 적절하게 혼합되었을 경우이고, 만약 영혼이 일종
의 조화라면 우리의 몸이 부적절하게 이완되거나 질병들이나 그 밖의 다
른 나쁜 것들로 시달리게 될 경우에는, 영혼이 비록 가장 신적인 것이라 할
지라도, 곧 소멸할 것이 필연적이라는 것은 명백합니다. … 반면에 각각의

---

21 Ibid., 85e~86b 참조.

몸에서 남아있게 되는 부분들은 태워버리게 되거나 썩을 때까지는 오랜 기간 동안 남아 있습니다. 그러니 만약 누군가가 영혼은 몸에 있어서의 요소들의 혼합이어서, 죽음을 맞아 맨 먼저 소멸하는 것이라고 주장한다면, 이 주장에 대해 뭐라 말할 것인지 생각해 보십시오."[22]

상술한 것을 통해 알 수 있는 것처럼 조화로서의 영혼은 신체가 병들고 썩어 없어지게 되면 마찬가지로 소멸할 수밖에 없고, 오히려 신체보다 더 빨리 소멸할 수 있다는 것이 심미아스의 반론이다. 이것은 리라의 하모니가 리라와 줄보다 더 이상 지속될 수 없는 것처럼, 영혼 역시 신체보다 더 존재하기 어려운 것이 아닌가하는 반문이다. 물론 플라톤이 이러한 반론을 수용할 리는 없다. 영혼과 신체의 관계가 심미아스가 말하는 것처럼 리라와 현의 조화관계로서 단적으로 이해될 수는 없기 때문이다. 아리스토텔레스적인 개념으로 바꾸어 말한다면, 리라와 현과 같은 질료적인 것은 그 자체가 무규정적인 것이기 때문에 형상인 하르모니아에 의해 규정되어야 하기 때문이다. 달리 말해 하르모니아가 리라와 현의 규정자로서 리라와 현의 존재의 원인이 되는 것이지 그 반대는 아니라는 것이다. 그렇기 때문에 신체가 영혼의 조화의 형상과 이데아를 분유함으로써 신체의 조화가 이루어진다는 플라톤의 입장에서 심미아스의 주장을 그대로 받아들이기는 어려운 것이다. 동일성과 항상성에 의해

22 Ibid., 86c~86d.

가능한 조화는 '생성소멸하는 신체가 아닌 영혼 속에 존재'[23]하기 때문이다. 즉 플라톤은 심미아스와 달리 영혼이 신체의 조화의 원인(aitia)이 되는 것으로 보는 것이다.

그런데 이러한 심미아스의 조화설 주장에 대한 플라톤의 답변에서 흥미로운 점이 포착된다. 그것은 플라톤에 따르면 영혼은 신체의 주인으로서 신체를 영혼과 조화시키기 위한 다양한 방식을 강조하고 있다는 것이다.

> "사실은 영혼이 완전히 반대되는 작용을 하며, 또한 그것을 구성하고 있다고 하는 것들 모두를 이끌어갈 뿐더러 온 생애를 통해서 거의 모든 것에 걸쳐 반대하며 모든 방식으로 주인 노릇을 하는 것으로 우리에게는 보이지 않는가? 어떤 경우들에는 비교적 거칠게 고통과 벌을 주는데, 이는 체육과 의술과 관련된 것들이고, 어떤 경우들에는 비교적 부드럽게 으르는가 하면, 책망도 하며, 마치 남남끼리인 것처럼, 욕망들과 충동들 그리고 두려움들을 상대로 대화를 하고 있는 것으로 말일세."[24]

위 인용문은 플라톤이 심미아스의 질료적인 신체의 영혼에 대한 존재론적 우선성 주장을 논박하기 위한 답변으로 제시되고 있다. 그리고 플라톤에 따르면 신체와 결합된 영혼의 이승에서의 주인은 어디까지나 신체가 아니라 영혼이라는 것이다. 따라서 위 인용문을 통해 알 수 있는 것

---

23 Ibid., 91c~95a.

24 Ibid., 94c~d.

처럼 영혼은 욕구나 욕망과 같은 신체상의 다양한 감정을 영혼에 조화시키기 위한 다양한 시도를 해야 한다는 것이다. 그것은 가혹하면서도 고통스런 처벌이 될 수도 있고, 또는 부드러우면서도 단호한 질책이나 경고가 될 수도 있다. 이처럼 플라톤은 이승에서 영혼이 처한 실존적 조건으로서의 인간의 신체를 말 그대로 부정하거나 제거한다기보다는, 신체를 이성적인 영혼의 통제나 규제의 대상 속으로 포함시키기 위한 영혼의 역할을 강조하는 것으로 보인다. 요컨대 신체를 영혼과 조화시키기 위한 목적이 보이고, 그것을 성취하기 위한 영혼의 다양한 방식을 역설한다는 것이다. 플라톤의 영혼우위설이 극단적인 신체경멸로 이해되는 것에 대한 보다 신중한 검토가 필요한 이유가 여기에 있다.

필자가 영혼의 인식에 있어 신체가 절대적으로 필요한 다른 한 논거로 주목하는 플라톤의 다른 작품이 『향연』(Symposium)이다. 이 작품은 플라톤의 후기 작품으로서 에로스(Eros)를 통한 미의 이데아에 관한 탐구가 그 주제가 된다. 이 작품에서 플라톤은 디오티마(Diotima)라는 미의 여사제가 소크라테스에게 전하는 에로스, 즉 사랑에 관한 이야기를 전하고 있다. 그리고 디오티마가 소크라테스에게 신비로운 사랑의 의식에 입문하기 위한 초보적 단계를 최선을 다해 이해하고 따라올 것을 권유하면서, 그것을 다음과 같이 시작하고 있다.

"이러한 목적을 향해 올바르게 길을 걸어갈 사람은 어렸을 때부터 아름답고 훌륭한 신체를 다듬는 일부터 시작하여, 인도자에 의해 올바르게 인도를 받아 하나의 아름다운 신체만을 사랑하고, 그러한 사랑의 경험으로부터 사랑에 관한 아름다운 논의들을 창출해낼 수 있어야 합니다. 더 나아가 어떤 사람의 신체 안에 들어있는 아름다움도 다른 사람의 신체 안에 들어 있는 아름다움과 형제지간이라는 사실 또한 깨달아야 한답니다. 따라서 그가 형상 안에 들어 있는 아름다움을 추구하면서도 모든 신체 안에 들어있는 아름다움이 하나이며 동일함을 깨우치지 못하면, 그는 매우 우둔한 사람이라고 할 수 있지요. 반면에 그것을 하나이고 동일한 것으로 생각하게 되면, 그러한 생각은 그를 모든 아름다운 신체들을 사랑하는 사람으로 만들어주고, 하나의 신체만 지나치게 사랑하는 것을 멀리하도록 만들어줍니다. 그 이유는 그가 그러한 사랑을 하찮은 것으로 여기고, 경멸하게 되기 때문이지요."[25]

위 인용문에서 플라톤은 디오티마의 입을 통해 궁극적인 목표로서의 미의 이데아에 대한 직관을 향한 첫 단계로 '신체의 아름다움'(to sōma kalon)에 관해 언급하고 있다. 계속해서 이어지는 디오티마의 설명에 따르면 우리는 한 인간의 신체의 미를 통해 두 사람의 신체의 미를, 그래서 '모든 사람들의 많은 신체적 미'(epi panta ta kala sōmata)를 보게 되고, 그 다음 단계의 영혼(psychē)의 아름다움을 보게 되고, 그것을 통해 규범과 법의 아름다움을 볼 수 있는(idein) 지식(epistemē)을 갖게 되고, 마침내 미의 이데아에 대한 하나의 지식을 갖게 된다는 것이다. 이러한 미의 이데아

---

25   『향연』, 210a~b.

에 이르기 위한 여정은 『향연』편에서 사다리의 비유를 통해 다음과 같이 명료하게 소개되고 있다.

> "사랑에 관한 것들에 올바르게 도달하거나, 인도자에 의해 인도될 수 있는 올바른 길은 다음과 같다고 할 수 있습니다. 즉 그것은 이 세계의 지상적 아름다움에서 출발하여 저편의 아름다움을 목표삼아 사다리를 오르듯이 끊임없이 한 단계씩 올라가는, 다시 말해 하나의 아름다운 신체에서 출발하여 두 개의 아름다운 신체로, 또 두 개의 아름다운 신체에서 모든 아름다운 신체로, 아름다운 신체들로부터 아름다운 자기 함양의 노력에로, 아름다운 자기 함양에서 아름다운 인식에로, 그리하여 그러한 인식들로부터 저 더 높은 단계의 인식에까지 올라가는 것을 의미합니다."[26]

앞서 우리는 『파이돈』편의 상기설을 검토하면서 영혼의 인식에서 감각의 상대적 역할에 주목하였다. 그리고 바로 위에 인용한 에로스에 관한 디오티마의 설명은 미의 이데아를 인식하기 위한 중요한 출발점을 신체 속의 아름다움에서 찾고 있음을 확인할 수 있게 해준다. 미의 이데아에 대한 인식이 신체의 아름다움을 볼 수 있는 감각으로부터 시작되고 있기 때문이다. 미의 이데아라는 진리의 세계를 직관하기 위해서 우리는 현상계의 가시적 대상이 되는 많은 개별자들 속에 존재하는 아름다움을 볼 수 있어야 하는데, 이것은 바로 감각에 의해 가능하다는 것이다. 디오

26　Ibid,, 211c.

티마가 이러한 인식의 상승을 '사다리를 오르는 것'(epanabathmos chrome-non)으로 말하는 것은 그런 점에서 적절한 비유로 생각된다. 사다리의 첫 번째 단계에 해당되는 감각을 통한 신체의 미를 보지 않고서는 궁극적인 도달점인 '미 자체'(auto to kalon)의 인식이 불가능하기 때문이다. 감각에 의한 신체의 아름다움은 영혼의 이데아로의 초월을 가능케 해주는 디딤돌인 셈이다. 결국 디오티마의 에로스는 신체와 영혼의 갈등과 대립에 관한 이야기라기보다는 궁극적인 목적을 향한 여정에서 양자의 협력과 그 조화가 중요시되어야 함을 말하는 것으로 이해될 수 있다.

상술한 것을 고려할 때, 플라톤은 이승에서의 영혼의 인식에서 인간의 실존적 조건으로서의 신체성을 부정하지 않은 것으로 볼 수 있다. 이것은 앞에서 언급한 『향연』편에서 미의 이데아에 대한 진리의 여정이 신체 속의 아름다움을 통해 시작되고 있다는 점에서 알 수 있다. 물론 이러한 영혼의 미의 이데아로의 최종적인 직관은 신체적인 감각과의 완전한 분리를 통해 가능하다고 말할 수 있다. 아이러니하게도 진리의 목적지에 이르면 이를수록 영혼은 더욱더 감각으로부터 멀어지고 그것을 부정함으로써 순수한 사고가 가능하기 때문이다. 미의 이데아에 대한 직관(kati-dein)이 이루어지는 순간에는 더 이상 감각의 사다리는 필요치 않게 되는 것이다. 그러나 플라톤은 영혼의 미의 이데아를 향한 여정의 시작단계에서 신체적 내지 그 감각작용의 긍정적인 역할을 부정하지 않는 것으로 생각된다. 영혼의 이데아로의 상승(anabasis)을 위한 연속적인 사다리의

행렬에서 감각을 영혼에 기여할 수 있는 한 단계로 간주하기 때문이다.[27]

지금까지 언급한 것을 종합하면 플라톤은 인식론적 차원에서 감각을 전적으로 부정하지만은 않는다고 말할 수 있다. 영혼이 절대적으로 신체를 필요로 하는 경우가 있다면 바로 상술한 경우들을 염두에 두고 한 말이 아닐까 생각되는 이유이다. 플라톤은 한편으론 영혼이 형상을 인식하기 위해 신체와 분리되어야 함을 요구하지만, 다른 한편으론 인간의 형태로 있는 한 영혼은 신체와 독립적일 수 없다는 실존적 조건을 부정하지 않기 때문이다. 그리고 플라톤은 일단, 전자의 영혼과 신체의 분리 요청을 상기설과 유사성 논증을 통해 영혼이 원래 형상의 세계에 속했음을 논증하고, 이러한 과정에서 신체를 영혼의 감옥으로 규정한다. 그러나 동시에 플라톤은 이승에서의 인간영혼의 신체로부터의 분리를 통한 영혼의 해방이나 구제가 아이러니하게도 신체적인 감각의 도움을 받지 않고는 실현될 수 없음을 제한적이지만 부분적으로 인정한다고 해석할 수 있다. 신체를 통한 감각작용의 촉발이 이데아를 인식하기 위한 영혼의 상승(anabasis) 내지 비상의 필요조건이 되기 때문이다.

---

27 『메논』편에서 노예소년을 통한 상기작용에서도 확인이 가능한 내용이다. 83a~d 참조.

3-2-2. 신체의 도덕적 평가 문제

　플라톤의 신체에 대한 견해가 새롭게 조명될 수 있는 다른 하나는 신체에 대한 도덕적 평가의 문제다. 앞에서 살펴본 것처럼 일반적으로 플라톤은 도덕적인 차원에서의 부정의하고 무절제한 많은 일들이 인간의 신체적 본성, 특히 영혼의 욕구적 부분에 의해 이루어지는 것으로 본다. 그리고 이러한 측면에서 신체는 영혼의 해방을 방해하는 '악'(kakon)의 온상으로 지목받는 경향이 있다. 그러나 플라톤 철학에서 신체가 이러한 비도덕적인 악의 대상으로만 평가될 수 있는지는 재검토될 여지가 있는 것으로 생각된다. 심미아스의 하르모니아설에 대한 반론에서 알 수 있는 것처럼 플라톤은 영혼이 신체에 의존하기 보다는, 그 반대로 신체가 영혼에 의존하는 것으로 보는 것도 이러한 해석의 가능성을 뒷받침한다. '신체에 대한 도덕적인 평가는 신체에 대한 지배권을 행사하는 주체로 볼 수 있는 영혼을 함께 고려하여 내려지는 것이 보다 온당한 것으로 판단'[28]되기 때문이다. 이와 관련하여 『파이돈』편의 끝부분에서 언급되고

28　"영혼이 조율된 조화일 경우에는, 그것을 이루고 있는 것들이 죄어지거나 느슨해지거나 뜯기거나 또는 다른 어떤 사태를 겪게 되거나, 결코 이것들에 반대되는 소리를 내지는 않고, 이것들을 따라 가되 이끄는 일을 하는 경우는 없을 것이다. 사실은 영혼이 완전히 반대되는 작용을 하며, 또한 그것을 구성하고 있다고 하는 것들 모두를 이끌어 갈 뿐더러, 온 생애를 통하여 모든 것에 걸쳐 반대하며 모든 방식으로 주인 노릇을 하는 것으로 우리에게 보이지 않는가? 어떤 경우들에는 비교적 거칠게 고통과 함께 벌을 주는데, 이는 체육과 의술에 관련된 것들이고, 어떤 경우들에는 비교적 부드럽게 으르는가 하면 책망도 하며, 마치 남남끼리인 것처럼, 욕망들과 충동(기분)들 그리고 두려움들을 상대로 대화를 하고 있는 것으로 말일세." 『파이돈』, 94c-d 참조.

있는 사후의 영혼의 심판에 관한 신화이야기를 검토할 필요가 있다.

　　"그러니까 각자가 죽게 되면, 그가 살아있는 동안 그를 제비뽑기로 맡게 되었던 각자의 '수호신'[29](다이몬: daimōn)이 어떤 곳으로 각자를 데리고 가게 된다네. 망자들은 '이 곳'[30]에 집결하여 심판을 받고서 저승(하데스)으로 가야만 하는데, 이는 이승에 있던 자들을 저 세상으로 데리고 가도록 지정된 바로 그 안내자와 함께 하는 것이라네. 그러나 거기에서 겪어야 할 것들을 겪고 머물러야만 하는 기간 동안 머문 다음에야, 다른 안내자가 이승으로 다시금 데리고 오는데, 여러 번의 '기나긴 주기'[31]를 지나고 서라네. 따라서 그 여정은 아이스킬로스(Aiskilos)의 텔레포스(Tēlephos)가 말하는 대로인 것은 아닌 게야. 그는 저승으로 인도하는 길이 편도인 것으로 말하고 있지만, 내가 보기에는 그 길은 편도도 외길도 아닌 것 같기 때문이네. 그 경우에는 안내자들이 필요하지 않을 것이니까. 그게 외길이라고 한다면, 누구도 어디 쪽으로든 길을 잃을 일은 없을 게 분명하겠기 때문이지. 하지

29　여기에서 '다이몬'이란 각자의 영혼을 맡게 된 수호신을 가리킨다. 『국가』편 617e에서도 다이몬이 각각의 영혼을 떠맡게 되는 경위를 말하고 있으나, 영혼이 어떤 삶의 표본을 선택하는가에 따라 다이몬이 선택되는 것으로 말하고 있어서, 『파이돈』편의 이 경우와는 반대로 이야기되고 있는 셈이다.

30　『고르기아스』, 524a. 망자들이 심판을 받게 되는 곳을 초원(leimōn)으로 말하고 있는데, 이는 오르페우스교에서 그런 주장을 한 것으로 알려져 있다. 『고르기아스』, 375쪽 참조. 『국가』, 614e 참조.

31　『국가』, 615a~b에서는 이 기간을 천년으로 말하고 있다. 천년은 이승에서의 인생을 100년으로 잡고, 그 열 배에 해당되는 이 기간 동안에, 이를테면 이승에서 저지른 잘못에 대한 죗값을 치르게 한다는 이야기이다.

만 실은 그 길에는 갈림길도 삼거리도 많은 것 같거든. 이승에서 제물을 바치는 의식들(thysiai)과 관습들(ta nomima)을 근거로 해서 나는 말하고 있는 걸세. 그렇더라도 절도 있고 지혜로운 영혼은 길을 따라갈 뿐만 아니라, 벌어지는 일들을 알지 못하고 있는 것도 아니라네. 하지만 신체를 갈구하는 영혼은, '앞서 말했던 대로'[32], 주검 주변을 그리고 가시적인 곳 주변을 오랜 동안 흥분한 상태로 맴돌면서, 많은 저항을 하며 많은 시련을 겪고서야, 지정된 수호신에 의해 억지로 그리고 가까스로 이끌리어 가게 된다네. 한데 다른 영혼들도 이르게 되는 바로 '그 곳'[33]에 영혼이 이르게 되는데, 이 영혼이 정화되지 못한 상태(akathartos)이거나 어떤 짓을 저지른 영혼이라면, 즉 올바르지 못한 살인 행위에 관여했거나 또는 그 밖의 것들로, … 이것들과 같은 유의 혼들이나 하는 짓들을 저질렀다면, 모두가 이 영혼을 피하며 외면하게 되어, 아무도 길동무로도 안내자로도 되려고 하지 않을 것인즉, 이 영혼은 완전히 곤경에 처하여, 얼마 동안의 시간이 지날 때까지는, 혼자서 떠돌게 된다네. 이 기간이 지나게 되면, 이 영혼은 자기에게 알맞은 거처로 필연에 의해 안내된다네. 반면에 순수하게 그리고 절도 있게 생애를 보낸 영혼은 신들을 길동무들로 또한 안내자들로 얻게 되어, 저마다 자기에게 합당한 곳을 거처로 삼게 된다네."[34]

---

32 『파이돈』, 81c~e 참조.

33 Ibid., 108b. 망령들이 심판을 받는 곳.

34 Ibid., 107d~108c.

길게 인용한 위의 글에서 플라톤은 사후의 영혼이 신체와 결합된 이 승에서의 삶에 따라 처벌을 받는 것으로 말한다. 플라톤은 영혼을 순수 하게 정화된(kathartos) 영혼과 그렇지 않은 영혼, 이렇게 두 종류로 대별 한다. 앞의 정화된 영혼은 정의와 절제에 관여한 영혼으로, 그리고 후자 의 정화되지 않은 영혼은 부정의한 모든 일에 관여한 영혼으로 규정된 다. 여기서 정의로운 영혼은 신들을 안내자로 얻어 그에 합당한 거처로 안내가 되지만, 부정의한 영혼은 어떤 신에 의해서도 환영받지 못하고 기피되어 한동안 고통스럽게 떠돌다가 필연에 의해 그에 합당한 곳으로 안내되는 것으로 기술된다.

영혼의 심판에 관한 이러한 신화이야기에서 우리는 플라톤이 영혼의 사후 심판과정에서 영혼을 윤리적 행위의 주체로 제시하고 있음을 알 수 있다. 이승에서의 잘못된 윤리적 행위의 주체는 어디까지나 각자의 영혼 이 신체에 대한 지배와 통제를 올바르게 행사했는지가 관건이 되고 있기 때문이다. 그런데 여기서 플라톤이 사후 심판의 대상으로 말하는 영혼은 당연히 불멸하는 영혼이고, 보다 정확히 말해 '이성적인 영혼의 부분'(to logistikon)이라고 말할 수 있다. 그렇다면 『국가』(Politeia)편에서 말하는 소 위 '영혼 삼분설'을 고려하면 플라톤이 이승에서의 영혼의 활동과 그 결 과에 대해 책임을 묻는다는 것은 영혼의 이성적인 부분이 '기개적인 부 분'(to thymoeides)과 '욕구적인 부분'(to epithymetikon)에 대한 통제와 명령 을 올바르게, 주도적으로 행했는가를 판가름한다고 이해할 수 있을 것 같다. 문제는 신체와 결합해 있던 영혼이 정의롭고 절제된, 달리 말해 정

화된 영혼인가, 그렇지 않은 영혼인가에 대한 판결을 기개적이거나 욕구
적인 영혼에서만 그 원인을 찾는 것이 온당한가 하는 것이다.

　앞에서 살펴본 것처럼 『파이돈』편의 여러 곳에서 플라톤은 신체와 그
감각이 영혼의 순수한 사고를 방해하며, 그렇기 때문에 누누이 신체로부
터의 분리와 단절을 강조한 것이 사실이다. 이것은 신체가 영혼의 활동
을 방해하는, 그래서 정화되지 못한 영혼을 만드는 주범이며, 따라서 신
체가 영혼의 감옥이자 악의 온상으로서 도덕적인 비난을 받게 되는 이유
가 되는 것이다. 그러나 달리 생각해보면 영혼의 욕구적인 부분은 플라
톤이 말하는 것처럼 애초부터 비이성적인 영혼의 부분으로서 '이성에 반
대하거나 맞서는 본성을 갖는 것'[35]으로 볼 수 있다. 그러면 절제되고 정
의로운 올바른 영혼이 될 수 있는가의 성공여부는 욕구적이거나 기개적
인 영혼의 부분에 있다기보다는 이성적인 영혼에게 달려있다고 보아야
하지 않을까? 비이성적인 영혼의 부분들은 그 태생 자체가 먹고 마시거
나 성적 욕구와 같은 신체적인 욕구나 욕망을 충족시키고자 하는 본성
을 갖고 있는 것으로 볼 수밖에 없기 때문이다. 플라톤이 이러한 무절제
적이고 광기적인 욕구나 기개를 절제와 용기로 정향시킬 수 있는 역할을
영혼에게 위임하는 것도 바로 이런 이유에서일 것이다. 영혼은 신체적
욕구의 노예로서 질질 끌려갈 정도로 무능력한 것이 결코 아니기 때문이
다. 플라톤에 따르면 '인간 안에 있는 모든 것 가운데서 특히 지혜로운 영

35　Ibid., 94b 참조.

혼 말고 다른 것이 통치하는(archein) 것'[36]은 있을 수 없는 것이다.

이것은 앞서 인용한 『파이돈』편을 통해서도 보다 분명해진다. 이 부분에서 플라톤은 이성적인 영혼의 주도적인 역할이 인간 내부의 다양한 욕구와 감정들에 대하여 다양한 대화의 방식으로 이루어져야 함을 강조한다. 그것은 때로 가혹한 고통과 벌이 될 수도 있고, 다른 경우는 부드러운 위협이나 비난이 될 수도 있다. 이것은 『파이드로스』편을 통해 익히 잘 알려진 '마부가 두 마리의 말을 모는 비유에'[37]도 적용될 수 있다. 그것은 한편으론 이성을 상징하는 마부는 비이성적인 욕구, 마치 광기에 휩싸여 마부의 통제를 벗어나 질주하고자 하는 검은 말을 매서운 채찍과 가시 막대기로 고통을 주어 제어하는 방식이다. 그러나 마부의 말을 잘 듣고, 순종적인 하얀 말은, 검은 말을 다루는 방식보다는 보다 부드러운 방식에 의해 통제가 가능한 경우와 같다. 마부가 두 마리 말을 성공적으로 몰아서 절제와 아름다움의 본성 쪽으로 향하게 할 것인지는 마부의 말을 다루는 방식에 달려있는 것이다. 무분별하고 광기적인 감정으로 마부의 지시를 따르지 않는 검은 말은 그 말의 이빨에서 재갈을 뒤로 힘껏 잡

---

36 Ibid. 94c~d. "사실은 영혼이 완전히 반대되는 작용을 하며, 또한 그것을 구성하고 있다고 하는 것들 모두를 이끌어갈 뿐더러 온 생애를 통해서 거의 모든 것에 걸쳐 반대하며 모든 방식으로 주인 노릇을 하는 것으로 우리에게는 보이지 않는가? 어떤 경우들에는 비교적 거칠게 고통과 벌을 주는데, 이는 체육과 의술과 관련된 것들이고, 어떤 경우들에는 비교적 부드럽게 으르는가 하면, 책망도 하며, 마치 남남끼리인 것처럼, 욕망들과 충동들 그리고 두려움들을 상대로 대화를 하고 있는 것으로 말일세."

37 『파이드로스』, 253d~254e.

아당겨 그 흉측한 혀와 턱을 피로 물들이거나, 다리와 엉덩이를 땅바닥에 내쳐 고통을 느끼게 하는 방법이 필요하다. 그래서 이러한 일을 여러 차례 겪게 되면 그 검은 말은 주눅이 들어 마부의 말을 따르게 될 수 있는 것이다. 이러한 마부와 말의 이야기를 고려할 때 우리는 영혼이 마부로서 주인이고, 신체적인 욕구와 욕망이 말에 해당되는 하인이라고 말할 수 있다. 이러한 경우를 신체와 영혼에 대한 도덕적 평가의 문제와 관련시켜 이해해 볼 수 있을 것이다. 그것은 말에 상응하는 신체적인 욕구나 기개 역시 파멸의 책임이 부정될 수 없지만, 마부에 상응하는 영혼 역시 자신에게 주어진 주인의 권리를 온전하게 행사하지 못한 무능력한 주인이라는 비난으로부터 자유롭지만은 않은 것으로 보인다.

지금까지 『파이돈』편을 중심으로 살펴본 영혼과 신체의 관계에 관한 논의를 종합할 때, 우리는 플라톤이 영혼의 이데아에 대한 상기과정에서 제한적이지만 신체를 통한 감각의 인식론적 역할을 부정하지 않음을 알 수 있었다. 또한 플라톤이 주장한 영혼 우위설에 근거할 때, 도덕적 악의 책임성 역시 신체에만 귀속시키는 것은 과도한 측면이 있음을 언급하였다. 지금까지의 고찰을 통해 필자가 강조하고자 하는 것은 영혼과 신체를 대립이나 갈등의 관계보다는, 조화로운 관점에서 보고자하는 것이다. 이것을 위해 필자는 계속해서 플라톤의 다른 대화편 『메논』과 『국가』편을 살펴볼 것이다. 앞의 책을 통해서는 상기설에서 감각이 차지하는 감각의 상대적인 긍정적 역할과 후자의 책을 통해서는 10권 에르(Er) 신화에 나타난 영혼과 신체의 도덕적 평가 문제를 검토할 것이다.

3-3. 신체와 영혼의 조화

앞에서 지금까지 살펴본 것처럼 플라톤에게 있어 신체는 영혼보다 존재론적 내지 인식론적 우월성을 갖지는 못하지만, 그렇다고 영혼의 이데아계로의 귀환에 있어 신체의 기여도가 부정되는 것은 정확한 이해가 아님을 알 수 있었다. 이 장에서는 앞에서 살펴본 『파이돈』편에서 신체적 감각의 영혼의 이데아나 형상에 대한 인식에 있어서의 기여도를 플라톤의 다른 작품인 『메논』(Menon)편을 통해 살펴볼 것이다.

먼저 『메논』편은 '덕이 가르쳐질 수 있는가'(ara didiakton he aretē)의 논제를 둘러싼 대화편이라 말할 수 있다. 대화편 시작부분에서 메논은 소크라테스에게 '덕이 가르쳐질 수 있는지'[38]를 묻고, 소크라테스는 정작 자신이 '덕이 무엇인지를 알 수 없는데, 어떻게 덕이 가르쳐질 수 있는지 아니면 없는지를 말할 수 있겠느냐'고 반문한다. 그러면서 소크라테스는 메논이 덕에 관해 알고 있는 것으로 보이는데 말해볼 것을 촉구하고, 이에 메논은 다양한 덕의 종류를 언급한다. 소크라테스는 자신이 원하는 덕의 정의는 덕의 본질이나 형상을 언표한 하나의 정의를 원하는데, 메논은 한 자루의 덕들을 보여주는 것으로 말한다. 그러면서 메논이 생각하는 덕의 정의(horismos)가 무엇인지를 다시금 탐구해보자고 제안하게 된다. 이에 대해 메논은 덕이 무엇인지 전혀 모르는데 어떻게 덕에 관한 탐구를 할 수 있는가를 반문한다. 소크라테스는 메논이 말하고자 하는

---

38 『메논』, 70a 참조. 이하의 『메논』편 번역은 이상인의 번역서를 참고로 하였다.

바를 다시 정리해서 그것이 "우리는 아는 것도, 알지 못하는 것도 결국 탐구할 수 없는데, 왜냐하면 알고 있는 자는 알고 있기 때문에 탐구할 필요가 없고, 알지 못하는 것은 무엇을 탐구해야 될지를 모르니까 탐구할 수 없는 것"[39]으로 이해한다. 그리고 이러한 소위 메논의 패러독스(Meno's paradox)의 문제에 대해 소크라테스가 탐구의 가능성의 해법으로 제시하는 것이 플라톤의 상기(anamnesis)설이다.

이미 『파이돈』편에서 살펴보았지만 플라톤의 상기설은 영혼의 선재성과 불멸성을 논증하기 위한 목적에서 소개되었다. 그러나 정작 상기의 과정이 어떻게 이루어지는가에 관한 플라톤의 생각은 플라톤의 『메논』편에서 제시되고 있다. 이곳에서 소크라테스는 기하학에 관한 지식을 갖고 있지 않은 한 노예소년을 통해 상기설에 관한 사고실험을 보여주고 있기 때문이다. 소크라테스가 노예소년에게 제시한 물음은 '주어진 정사각형의 두 배의 면적을 만들 수 있는 한 변의 길이는 얼마가 되어야 하는가?' 하는 것이다. 이러한 상기설 논증을 위한 첫 번째 단계에서 노예소년은 2피트 정방형은 면적이 4평방피트가 되고, 그렇다면 길이를 두 배로 하면 면적도 두 배인 8평방피트가 될 수 있는 것으로 말한다. 이에 대해 소크라테스는 변이 두 배가 되면 면적이 4배가 되어 16평방피트가 됨을 말하고, 이에 그는 4보다는 작고 2보다는 큰 3을 취하면 되지 않을까를 생각한다. 그러나 이 역시 8이 아닌 9의 면적이 됨을 알게 되고, 노예

---

39 Ibid., 80d.

소년은 결국 "정말로 그렇네요, 소크라테스, 나는 알 수가 없네요"[40]라고 말한다. 상기설의 두 번째 단계는 노예소년이 처음에 문제를 쉽게 풀 수 있을 것처럼 자신만만했던 상태에서 이처럼 더 이상 문제를 풀 수 없는 아포리아(aporia)에 빠지게 됨으로써 자신의 무지를 깨닫게 되는 단계라고 말할 수 있다. 세 번째 단계는 소크라테스와 노예소년이 다시 진리를 찾기 위한 탐구의 과정이며, 그래서 결국 '두 배의 면적이 될 수 있는 변의 길이가 대각선이라는 결론'[41]에 이르게 되는 단계라고 말할 수 있다. 이러한 논의를 통해 소크라테스는 메논에게 "따라서 이것들은 그 노예소년 속에 있었다"[42]라고 결론을 내린다.

이처럼 플라톤은 이승에 태어난 영혼은 어떤 하나를 상기함으로써 모든 것을 상기할 수 있고, 따라서 덕에 관한 탐구와 배움은 전적으로 상기에 의해 가능함을 주장한다고 말할 수 있다. 그런데 정작 우리가 관심을 갖는 것은 이러한 상기의 과정에서 감각적인 앎의 역할은 무엇인가 하는 것이다. 이것은 달리 말해 상기의 과정은 감각이 아닌 지식에 의해서만 이루어지는 이론인가 하는 것이다.

이러한 물음에 블라스토스(G. Vlastos)[43]는 노예소년의 신체 속에서 발생

40　Ibid., 84a.

41　Ibid., 85b.

42　Ibid., 85c.

43　G. Vlastos, Anamnesis in the Meno, *Dialogue : Canadian Philosophical Review*, Vol. 4(2), (1965), pp. 143~167.

한 앎이 경험적이라는 주장에 강하게 반대한다. 앞에서 말한 것처럼 플라톤은 영혼의 이데아 인식에 있어서 신체적 감각의 역할을 부정하지 않는다고 말할 수 있다. 올바른 의견(doxa)을 지식으로 이행시키기 위한 과정에서 감각은 하나의 중요한 인식론적 기여를 하는 것으로 볼 수 있기 때문이다. 그러나 블라스토스는 그의 논문에서 소년은 감각을 전혀 사용하지 않고 순순히 상기를 통해서만 올바른 답을 찾아냈다고 주장한다. 이를 위해 블라스토스는 노예소년에게 아주 기초적인 산수를 가르치는 예를 들어 설명한다. 그리고 그것을 소년에게 한 번에 두 숫자, 그것도 10 이하의 숫자만 더할 수 있는 정도의 앎을 가진 것으로 제한한다. 이제 소년이 자신이 배운 것을 넘어서 있는 13과 7을 더할 것을 요구받고, 그 해답을 '상기하는 과정'[44]으로 설명한다.

먼저 블라스토스는 7에 13을 더하는 셈 과정에서 노예소년이 감각을 굳이 사용하지 않고도 20이라는 답에 도달할 수 있음을 주장한다. 그것

---

44 Vlastos는 이것을 다음과 같은 가상적인 대화를 통해 설명하고 있다. "너(노예소년)는 3에 10을 더할 수 있지, 그렇지? 예, 그것은 13입니다. 그런데 13=10+3이지? 예. 그래서 너에게 13+7이 얼마인지를 묻든 대신에, 나는 마찬가지로 10+3+7이 얼마인지를 물을 수 있을 것이야. 그러나 그것은 어떻게 그렇게 이용될 수 있나요? 나는 오로지 한 번에 두 수만을 더할 수 있는데요. 그것으로 충분하다. 그러면 3+7은 얼마지? 물론 10이죠. 그렇다면 3+7이라고 말하는 대신에 우리는 항상 10을 말할 수 있지? 물론이죠. 따라서 10+3+7이 얼마냐고 너에게 묻는 대신에, 나는 너에게 10+10이 얼마인지를 물을 수 있지? 물론 그렇습니다. 그리고 내가 아는 그것에 대한 답은 20이죠. 결국 우리는 13+7이 얼마인가를 묻는 것은 10+3+7이 얼마인지를 묻는 것과 같은 것이라고 말한 셈이지. 예야 너는 그것을 잊지 않았겠지? 물론 잊어버리지 않았죠. 그리고 20은 10+3+7의 합이기 때문에, 그것은 또한 13+7의 합이기도 하지." Ibid., pp. 143~167 참조.

은 13을 10+3으로 보고 여기서 3을 7에 더함으로써 결국 13+7이 10+10
과 같은 것을 물어보는 것으로 이해될 수 있다는 것이다. 블라스토스
는, 여기서, 노예소년이 3+7=10에 대한 앎을, 마치 노예소년이 조약돌
로 감각의 도움을 받아 배운 산수를 통해 위의 셈계산에 적용하여 답을
찾았다는 반론을 인정하지 않는다. 블라스토스에 따르면 이러한 반론
은 전적으로 오해에서 비롯된 것이다. 왜냐하면 "우리가 가령 13=10+3,
3+7=10, 10+10=20 이라는 명제를 x조약돌과 y조약돌을 합쳐 x+y의 합
을 경험적으로 알아냈다고 해도, "13+7의 합은 무엇인가?"에 대한 답은
다시 조약돌이 있는 곳으로 달려가 알아낸 것이 아니라는 것이다. 만약
그 노예소년이 생각하는 과정을 거치지 않고 조약돌 13개와 7개를 더해
하나씩 세어 20이라는 답을 얻어냈다면 13+7=20이 감각에 의한 해답이
라는 주장은 설득력이 있었을 것이다. 하지만 노예소년은 조약돌에 의존
하지 않고서도 산수의 a+(b+c)=(a+b)+c라는 단순한 추론을 통해 주어진 물
음에 대한 답을 찾아냈기 때문이다"[45].

상술한 것처럼 블라스토스는 감각을 사용하지 않고 수학적 추리력만
을 사용하는 간단한 산수 문제를 예제로 사용함으로써 노예소년이 감각
에 의존하지 않고 오로지 영혼의 추리력만으로 지식을 얻었음을 주장한
다. 그는 이처럼 플라톤의 상기설이 감각경험과는 관계없고 어디까지나
이성적인 사고에 의해 가능한 것으로 보고 있다.

그러나 중요한 것은 소크라테스는 블라스토스가 들고 있는 감각적 계산을 필요로 하지 않는 경우의 수를 통해 상기설을 논증하고 있지 않다는 사실이다. 소크라테스가 노예소년에게 상기설을 통해 변의 길이를 찾고자 하는 과정은 분명 그가 바닥에 그린 정방형이라는 도형, 그리고 노예소년이 그것을 볼 수 있음을 통해 이루어지고 있기 때문이다. 아래의 인용문에 나타난 대화는 이것을 알 수 있게 해준다.

"소크라테스: 8제곱피트의 도형은 어떤 선분으로부터 생기지? 이것으로 부터는(apo tautes) 4배 되는 도형이 생기는 것이지?

노예소년: 전 그렇게 말합니다.

소크라테스: 그런데 이것의(tautesi) 반으로부터는 4제곱피트의 이 도형이(touti) 생기지?

노예소년: 예.

소크라테스: 좋아. 그런데 8제곱피트의 도형은 여기 이것의(toude) 두 배이지만, 저것의(toutou) 반이지?

노예소년: 예.

소크라테스: 그것은 이 만큼(tosautes) 긴 선분보다는 더 길지만 이만큼(tosesdi) 긴 선분보다는 더 짧은 것으로부터 생기지 않겠니? 그렇지 않아?

노예소년: 적어도 전 그렇게 생각합니다.

소크라테스: 훌륭해. 넌 네가 생각하는 것만을 대답해야 한다. 그럼 내게 말해 보거라. 여기 이(hede men) 선분은 2피트였고, 이것은(he de) 4피트였지 않니?

노예소년: 예.

> 소크라테스: 따라서 8제곱피트 도형의 선분은 2피트 길이의 이 선분보
> 다는 더 길지만 4피트의 저 선분보다는 더 짧아야만 하지 않겠니?"[46]

위의 인용문을 통해 알 수 있는 것처럼 노예소년은 그가 볼 수 있는
구체적인 도형과 그 길이를 통해 답을 찾아간다고 말할 수 있다. 소크라
테스가 모래바닥에 그려진 도형을 가리키면서 touto나 tosaute 또는 t.au-
to와 같은 지시 형용사나 지시 대명사를 통해 정방형 도형과 그 길이를
표현하고 있다는 것은 감각을 통한 설명이 이루어지는 것으로 볼 수 있
다. 거드리(Guthrie)가 언급한 것처럼 "노예소년에게 그의 잘못과 올바른
답을 보여주는 것은 소크라테스의 질문보다는 오히려 도형 그림 자체라
고 말해도 과언이 아니다."[47] 3피트 길이의 정방형이 그려졌을 때, 노예소
년은 그것이 8제곱피트가 아닌 9제곱피트 정방형임을 보고, 그것이 찾고
자 하는 면적이 아님을 알게 되는 것이다. 아리스토텔레스적인 관점에서
본다면 '노예소년은 땅바닥에 그려진 구체적인 이 도형을 기하학적인 보
편적 도형의 한 사례로 감각을 통해 알게 되는 것이다.'[48] 이것은 소크라
테스와 노예소년의 한 면적의 길이에 대한 탐구가 순수하게 영혼 속에서
의 기하학적 추론에 의해서만 이루어지지 않음을 의미한다. 이것은 플라

---

46 『메논』, 83c~d

47 W. K. C. Guthrie, *The Greek Philosophers*, Lodon : Haper & Row Publishers, INC, 1960, pp. 88~89.

48 Aristotelels, *NE*, 1142a23~30 참조.

톤이 할 수만 있다면, 굳이 시각적 대상이 되는 도형의 예를 사용하지 않고서도 상기설을 설명하고자 시도했을 것인데 실상 그런 방식을 보여주지 않았다는 점에서도 더욱 그러하다.

　이것은 또한 이때 감각의 도움을 받아 노예소년이 결론적으로 갖게 된 앎이 플라톤이 말하는 엄격한 의미의 에피스테메(epistemē), 즉 지식이 아니라는 것과도 밀접한 관련을 가진다. 이때 노예소년이 소유한 앎은 지식보다 그 정확성과 필연성이 떨어지는 앎, 달리 말해 참된 독사(doxa), 즉 의견에 불과하다. 이것은 소크라테스가 "알지 못하는 자는 자기 자신 안에 그가 알지 못하는 것들에 관한 참된 의견을 갖고 있다"[49]고 말하고, 다음과 같이 노예소년의 앎을 규정하는데서 알 수 있다.

　　"지금도 어쨌든 이 노예소년 속에서, 마치 꿈꾸듯이, 이 의견들 자체가 막 불러일으켜졌던 것이네. 그리고 누가 바로 이것들을 여러 번 그것도 여러 방식으로 묻는다면, 마침내 이 아이는 어느 누구 못지않게 정확히 이것들에 대해 인식할 수 있을 거라는 걸 자넨 아네."[50]

　위의 인용문은 결국 노예소년이 갖고 있는 앎이 지식이 아니라 독사, 즉 의견에 불과한 것이라는 것을 알게 해준다. 다시 말해 소크라테스의 질문에 의한 일정한 정도의 안내를 받아 도달한 앎의 종류는 아직

49　『메논』, 85c.

50　Ibid., 85c~d.

까지 절대적인 지식이 아니라 감각으로부터 도달된 참된 의견이라는 것이다. 그렇다면 노예소년의 독자적 앎의 출처는 감각이다. 『국가』편 5권에서 제시되는 플라톤의 선분의 비유에서 알 수 있는 것처럼 '독사적 앎'(doxastic cognition)은 현상계(ta phainomena)를 대상으로 한 인식을 통해 얻어진 것이며, 이것은 달리 말해 우리의 감각을 통해 확보된 앎이라고 말할 수 있기 때문이다. 결국 플라톤은 상기가 감각의 도움을 받지 않고서는 진행되기 어려움을 인식하고, 감각을 상기를 위한 인식의 중요한 수단으로 활용한다고 이해할 수 있다.

이러한 『메논』편의 상기설에서 감각의 역할의 중요성을 통한 신체와 영혼의 조화성에 관한 강조는 몇몇 학자들의 주장에서도 확인된다. 예를 들어 베두-아도(Bedu-Addo)는 "플라톤은 감각 경험만이 형상의 상기를 완성하기에 충분하다는 것을 암시하려는 것이 아니라, 우리가 형상의 개념을 포함한 견해가 다른 근원이 아닌 바로 감각 경험에서 나옴을 의미하는 것"[51]임을 주장한다. 또한 프레데(Frede)는 "신체가 없이 영혼만으로는 알 수 없는 것들이 존재하며, 신체가 있음으로 인해 그 모든 것들을 인식할 수 있다"[52]고 주장하며 영혼에 대한 신체의 필요성을 주장한다[53]. 이제

---

51 J. T. Bedu-Addo, "Sense-Experience and Recollection in Plato's Meno", *The American Journal of Philosophy*, Vol. 104, No. 3 (1983), p. 243.

52 Dorothia Frede, "Plato on What the Body's Eye Tells the Mind's Eye", *Proceedings of the Aristotelian Society*, New Series, Vol. 99 (1999), p. 192.

53 Frede의 주장은 다음의 인용문에 잘 나타난다 : "플라톤의 의도대로라면 우리가 진정 순수한 지식을 가지려면 우리는 신체로부터 탈출해 영혼만으로 사물을 관찰해야 한

이 정도로 『메논』편에 나타난 감각을 매개로 한 신체와 영혼의 상호관계성에 관한 논의를 마무리 하겠다.

다음으로 『국가』편 10권에 나와 있는 '에르라는 한 용감한 남자의 신화'[54]에 대하여 간략하게 살펴보도록 하겠다. 『국가』편의 에르 신화는 신체를 악의 원인으로 간주한다. 따라서 플라톤의 이 부분이 신체와 영혼을 대립된 관계로 간주하지 않을 수 있는 가능성을 줄 수 있을 것으로 기대된다.

이 신화는 전투에서 죽은 에르라는 청년을 집으로 옮겨와서 12일째 되는 날에 화장을 하기 위해 장작더미 위에 올려놓았는데, 그가 되살아나 그동안 저승(하데스)에서 본 것을 들려주는 이야기이다. 신체로부터 분리되어 그의 영혼이 그동안 겪은 일에 관한 설명에 따르면, 처음에 그의 영혼이 육신을 떠나 다른 망자들의 많은 영혼들과 함께 여행을 시작하게 된다. 그래서 두 개의 구멍이 나있는 신비한 곳에 이르러 이것들 사이에 앉아 있는 심판자들에 의해, 올바른 자들의 영혼은 심판의 내용을 앞에 두르고 오른쪽에 있는 하늘로 향하는 윗길로 가도록 하고, 올바르지 못

다. 그러나 플라톤은 신체가 없이는 추측할 수 없는 것들이 존재한다는 것을 전혀 모르고 있는 것처럼 보인다. 육체로부터 이탈된 건강, 힘, 키가 크고 작음과 같이 불과 열기, 눈과 추위, 열과 병에도 같은 어려움이 적용될 수 있다. 그들이 물질적 구성물과 어느 방식으로든 관련되지 않았다면 어떻게 이러한 본질들이 존재할 수 있겠는가? 그리고 어떤 의미에서 열기와 추위를 감지하고 병과 열의 대상이 되는 감각의 대상인 신체 없이 이 개념들이 보다 잘 영혼에 인식된다는 말인가? 바로 이러한 것들은 감각을 가진 신체 없이 영혼만으로는 알 수 없는 것들이다." Ibid., pp. 194~195.

54 『국가』, 614b~667d 참조.

한 자들의 영혼은 그들이 행한 행적을 등에 달고 왼쪽의 땅 쪽 아랫길로 가도록 했다. 그리하여 오른쪽에서는 순수한 영혼들이 내려와 올바른 영혼들이 축제에 참가하듯 반갑게 맞이하여 초원으로 향하며 그들이 겪은 아름다운 일과 굉장한 구경거리에 대한 이야기를 했다. 왼쪽에서는 오물과 먼지를 뒤집어쓴 영혼들이 나와서 올바르지 못한 영혼들에게 '천년'[55] 동안 여행을 하는 비탄과 통탄의 이야기를 들려주었다. 마찬가지로 선행을 한 올바른 영혼도 천년 동안의 좋음의 대가를 받게 되었다. 신이나 부모에게 불경한 죄를 지었거나 살인을 한 올바르지 못한 영혼들은 더 많은 죗값을 받았다. 만약 지시하는 대로 왼쪽 아래로 가지 않는 영혼이 있을 경우에는 머리와 팔다리를 함께 묶어서 아래로 던져 살갗이 벗겨지도록 두들겨 맞고 길옆으로 끌고 나가 가시덤불 같은 고문 기구에 문지르는 벌과 응징을 받게 되었다. 오른쪽 길로 들어선 올바른 영혼들은 8명의 여신들이 회전을 하며 내는 화음이 울려 퍼지는 곳에 이르게 되고, 그 이후에 하늘로 향한 무지개 빛길을 따라가서 옥좌에 앉아서 노래를 부르는 세 여신인 '라케시스와 클로토, 아트로포스'[56]를 만나게 된다.

여기에서 많은 영혼들은 서로 제비를 뽑아 '하루살이 영혼'[57]의 삶에

55 Ibid., 615b. 여기서 천년은 윤회설을 믿는 오르페우스교나 피카고라스 종단에서 유래한 것으로써, 인간의 수명이 100년이라면 못된 짓을 한 자에게 10배에 해당하는 죗값을 받는 기간이다.

56 Ibid., 617c. 라케시스(Lachesis)는 과거(ta gegonota)를, 클로토(Klōthō)는 현재(ta onta)를, 그리고 아트로포스(Atropos)는 미래(ta mellonta)를 각기 관장한다.

57 Ibid., 617e. '하루살이 영혼'이란 불멸하는 영혼이 육신 안에 들어가 있는 이승에서의

서 벗어나 천년의 새로운 삶을 선택하였으며, 각자의 수호신인 다이몬 (Daimōn)에 의해 인도되었다. 모든 영혼들은 동물이거나 또는 저명한 사람으로서의 삶을 선택하였는데 대부분이 전생과 유사한 삶을 선택하였거나 과욕을 부려서 낭패를 보는 경우도 있었다. 즉 영혼들은 이승에서도 저승에서도 언제나 중용의 삶을 선택하여 아주 나쁨이나 아주 좋음이라는 양극단의 삶을 피해야 함을 보여주었다. 그러나 에르는 그것을 집도록 허용되지 않은 상태에서 다른 영혼들과 함께 망각의 평야로 나아가 무심의 강 옆에서 야영을 하게 되었는데, 이 물을 마시는 자는 모든 것을 잊게 되었다. 그리고 그들이 잠들고 밤중이 되었을 때, 천둥과 지진이 일고 그들은 저마다 제 출생을 위해 유성처럼 위로 이동해 갔다. 그때 에르는 신들에 의해 그 물을 마시는 것을 제지당했고, 새벽에 눈을 뜨자, 이윽고 제 육신으로 돌아오게 되어 자신이 화장을 위한 장작더미 위에 놓여 있다는 것을 알게 되었다. 바로 에르의 영혼이 하데스로부터 이승으로 되돌아오게 된 것이다.

상술한 에르 신화에 관한 간략한 설명은, 우리로 하여금 영혼과 신체의 도덕적 평가에 관한 중요한 몇 가지를 생각할 수 있게 해준다. 첫째는 신체와 분리되어 사후에 심판관들에 의해 판결을 받는 영혼을 어떻게 이해할 수 있는가의 문제이다. 에르 신화가 소개되기 이전의 『국가』편 전체를 놓고 볼 때 플라톤이 생각하는 영혼은 이성적인 부분, 기개적인 부

삶을 뜻하며, 이러한 기간 동안의 삶은 신들의 삶에 비해 짧다는 뜻에서 비유한 말이다.

분 그리고 욕구적인 부분 모두를 포괄하는 유적인 의미의 영혼이라 말할 수 있다. 여기서 기개적인 부분과 욕구적인 부분은 특히 신체와 관련된 영혼의 부분으로 볼 수 있다. 그렇다면 죽음을 통해 사후의 심판관 앞에 호출된 영혼은 불멸하는 영혼의 부분으로서의 이성적인 영혼으로 봄이 타당하다. 그런데 여기서 주목할 수 있는 점은 플라톤이 이때의 이성적인 영혼에 대한 판결을 영혼이 신체와 결합된 이승에서의 행위와 역할에 대한 평가를 통해 내려지는 것으로 본다는 점이다. 다시 말해 이성적인 영혼이 이승에서 신체를 중용에 맞게 잘 통제하여 올바른 행위를 하도록 이끌었는가, 그렇지 않고 영혼이 오히려 신체와 대립하여 부조화의 관계를 가졌었는가에 따라 판결이 달라진다는 것이다. 전자의 경우라면 당연히 그에 상응하는 상으로서 천년의 행복한 삶이 주어지지만, 그 반대로 후자의 관계였다면 고통의 천년을 감내해야 하는 벌이 주어진다.[58] 소위 철학자-왕과 참주가 전자와 후자의 각각의 대표적인 예가 될 수 있다. 특히 플라톤은 참주의 영혼은 이승에서 너무나 타락하여 옳고 그름을 구별할 수 없는 영혼이며, 그것의 개선 가능성은 불가능한 것으로 말한다. 상술한 것을 종합할 때 이승에서의 신체와 영혼의 조화, 달리 말해 이성과 기개 그리고 욕구의 세 영혼간의 통치와 복종이 조화롭게 이루어졌다면 사후의 영혼은 행복한 삶을 누리겠지만, 그렇지 않은 경우 불행한 삶이 그 벌로서 주어진다는 것이다. 요컨대 영혼이 이승에서 "각자가 자신의

---

58   Ibid., 615a~b.

것을 갖고 행함"(hekaston ta hautou prattein)[59]이라는 '정의'(dikaiosyne)의 원리에 따라 신체와 조화상태를 유지했는가의 여부가 사후의 행복과 불행을 가름하는 중요한 기준이 되는 것이다.

에르 신화에서 두 번째로 주목할 점은 운명의 여신들, 즉 라케시스(Lachesis), 클로토(Klotho), 그리고 아트로포스(Atropos)의 이야기에서 소개되는 영혼의 '선택'(airesis) 문제이다. 특히 영혼의 선택이 습성(hexis)에 의해 이루어진다는 점이 중요하다. 플라톤의 설명에 따르면 라케시스 앞으로 가게 된 영혼들은 라케시스의 대변자로부터 "다이몬이 그대들을 제비로 뽑는 것이 아니라, 그대들이 다이몬을 선택하리라 … 책임은 선택을 한 자의 것이지, 신은 전혀 책임이 없다"[60]는 말을 듣게 된다. 이 말은 선택이 신에 의해 주어지는 것이 아니라 전적으로 영혼에게 있음을 의미한다. 영혼은 자신의 삶의 유형을 결정하는 것이고, 그렇기 때문에 그 삶이 고통의 삶인가 아니면 행복한 삶인가는 영혼의 선택에 달려있다는 것이다. 즉 어떤 삶의 패턴을 선택할 것인가는 영혼에게 달려있는 것이다.

그런데 이때 중요한 것은 플라톤이 영혼의 이러한 특정한 삶의 선택이 영혼의 특정한 헥시스(hexis), 즉 상태 내지 습성의 결과로 본다는 것이다[61]. 즉 영혼의 습성이 특정한 삶의 선택과 그것에 대한 책임의 원인

---

59 Ibid., 303d, 443b.

60 Ibid., 617e.

61 Ibid., 618b.

이 된다는 것이다. 플라톤 역시 아리스토텔레스와 마찬가지로 우리의 도덕적 선택과 그 책임의 근거를 영혼의 습성(hexis)에서 찾고 있는 것이다.[62] 영혼이 어떤 습성을 가졌는가에 따라 "영혼을 더 올바르지 못하게 되는 쪽으로 인도하게 될 삶은 더 나쁜 것이라 하는 반면에, 영혼을 더 올바르게 되는 쪽으로 인도하게 될 삶일 경우에는 더 나은 것"[63]이 되는 것이다. 플라톤은 인간이 가장 행복하게 되기 위해선 "언제나 중용의 삶을 선택하며, 이승의 삶에서도 저승의 모든 삶에서도 양극단의 지나침을 피해야만 하는 것"[64]을 강조하는데, 바로 이러한 중용적인 삶의 선택이 영혼의 상태 내지 습성에 의해 가능한 것이다. 이러한 영혼의 습성은 달리 말하면 영혼의 '이성적인 부분'(logistikon)이 신체적인 '욕구적 부분'(epithymetikon)과 '기개적인 부분'(thymoeides)을 통제하고 그것의 주인의 역할을 행한 습관을 통해 얻어진 것으로 이해할 수 있다. 플라톤에 따르면 이성이 영혼의 가장 중요한 부분으로서 우리의 삶을 탐욕이나 무절제로부터 구원할 수 있게 해주는 능력을 갖고 있기 때문이다[65]. 플라톤에

---

62 Aristoteles, *EN*, III. 5, 1114a31~b8 참조.

63 Ibid., 618d~e.

64 Ibid., 619a~b. 플라톤은 전생의 영혼의 습성에 따라 삶의 선택이 이루어짐을 몇 가지 언급한다. 예를 들어 오르페우스는 자신을 죽인 여성에 대한 미움 때문에 여성 안에 잉태되기를 바라지 않아 백조의 삶을 선택한 것으로, 아이아스의 영혼은 무장에 대한 판결을 기억하고 사자의 삶을 선택하고, 아가멤논의 영혼은 인간 종족에 대한 증오심 때문에 독수리의 삶을 선택한 것으로 말해진다(620a-b 참조).

65 Ibid., 619b~621a 참조; K. Dorter, "Free Will, Luck, and Happiness in the Myth of Er", *Journal of Philosophical Research*, Vol. 28 (2003), pp. 137-138 참조; H. S. Thayer,

게 이러한 이성적인 영혼의 탁월성을 발휘할 수 있기 위해 필요한 것이 철학적인 활동이다[66]. 따라서 영혼이 신체의 올바른 지휘관의 역할을 잘 했을 경우 철학자 왕이 되는 것이고, 그 반대로 신체의 욕구적인 부분이 영혼을 점령하여 주인이 된 경우가 참주가 되는 것이다. 그러나 플라톤 에게 후자의 참주는 철학자 왕보다 729배의 불행한 삶을 살게 될 운명에 처하는 것이다.[67]

에르 신화에 관한 지금까지의 논의를 종합할 때 우리는 플라톤이 이 승에서 자신의 영혼을 더럽히지 않기 위해 모든 방식으로 분별을 갖고 정의를 수행하는 삶을 살아야 함을 주장한다고 말할 수 있다. 영혼은 불 사하는 것이기에, 이승에서 모든 나쁜 것과 좋은 것을 잘 견디어 좋은 것 에 해당되는 삶을 살았다면, 신체와 분리되어 하데스에 도달한 모든 영 혼은 천년의 행복이 보장되는 윗길을 갈 수 있기 때문이다. 이것은 사후 의 영혼에 대한 재판에서 영혼에 대한 도덕적 책임이 이승에서의 영혼과 신체의 조화여부에 달려있음을 의미하는 것으로 이해할 수 있다. 그것 은 이승에서 이성적인 영혼이 기개적인 영혼의 부분이나 욕구적인 영혼 의 부분과 조화를 이루었는가에 의해 판결의 결과가 달라진다는 것이다. 이성적인 영혼은 통치자로서, 그리고 기개적이며 욕구적인 영혼은 이성

"The Myth of Er", *History of Philosophy Quarterly,* Vol. 5/4 (1988), pp. 369-384 참조.

66   Ibid., 619e.

67   『국가』, 587e.

적인 영혼의 그러한 다스림에 순종할 경우 양자는 조화의 관계에 있다고 말할 수 있다. 그러한 세 영혼이 상호 대립하거나 분쟁의 상태에 있었을 경우 그 결과는 고통의 불행한 천년의 삶이 주어질 것이다. 플라톤이 영혼과 신체를 대립이나 우월의 관점에서 보지 않고 조화와 상호협력의 관점에서 이해한 것으로 보아야 하는 이유가 여기에 있다. 그렇다면 기존의 모든 비도덕적인 인간행위와 악행이 신체로만 환원되어 이해되는 것은 정확한 이해가 아닌 것으로 보이며, 이러한 신체에 대한 일방적인 평가는 재고될 필요가 있어 보인다.

4. 플라톤의 신체교육관

제3장에서는 플라톤이 신체를 멸시하거나 경시한 철학자가 아니라, 영혼을 위해 신체를 불가피하게 필요로 했으므로 영혼과 신체의 조화를 강조한 철학자라는 사실을 논구하고자 하였다. 즉 필자는 신체적 감각의 인식론적 역할과 신체의 도덕적 평가 문제의 분석을 통해 신체와 영혼의 조화, 즉 '신체와 영혼의 공존'[01]함에 대해 살펴보았다.

따라서 이 장에서는 플라톤이 영혼을 위하여 신체의 위상을 상대적으로 인정한 철학자라는 사실을 주장하기 위해 『국가』편과 『법률』편을 중심으로 그의 신체관과 그에 따르는 신체교육의 내용과 방법에 대해 살펴보고자 한다. 먼저 『국가』편은 철인왕, 즉 훌륭한 통치자 및 수호자를 만들기 위한 목적으로 신체교육을 중요시한 내용을 다루고 있으며, 두 번째로 『법률』편은 훌륭한 시민을 만들기 위한 목적으로 실시되는 교육 단계에서, 특히 초기 교육으로서 유아 교육에서부터 청소년의 교육에 이

01　김창래, 2010. 248쪽.

르기까지 신체교육의 내용과 방법을 제시하고 있기 때문이다. 그리고 이 장에서는 세 번째로 훌륭한 통치자 및 수호자와 훌륭한 시민을 육성하기 위한 신체교육을 통하여 획득되는 덕이 무엇인지를 살펴볼 것이다.

4-1. 『국가』편에 나타난 신체교육

플라톤은 『국가』편에서 이상국가 실현을 강조하였다. 그는 '국가를 구성하는 세 부류―지혜를 사랑하는 부분(to philosophon), 기개적인 부분(to thymoeides), 욕망을 추구하는 부분(to epithymetikon)―가 각각의 훌륭함(aretē)을 올바르게 기능(ergon)할 때 이상적인 상태(hexis)에 놓일 수 있다'[02] 고 보았다. 다시 말해 국가를 구성하는 영혼은 '금의 영혼을 지닌 자들로서 철학자 부류, 은의 영혼을 소유한 자들로서 군인 부류, 그리고 철과 동의 영혼을 지닌 자들로서 농부 또는 장인의 부류'[03]가 있는데, 이들 세 부류가 각자 맡은 바 역할을 제대로 수행할 때 이상적인 국가의 모습을 갖출 것이라고 강조한다. 또한 그가 꿈꾼 이상국가는 '참주(tyrannis)가 아닌 왕도정치(basilikē)'[04]에 의해 이루어질 수 있다고 보았다. 따라서 플라톤이 구

---

02 『국가』, 435b 참조.

03 Ibid., 415a~c 참조.

04 『정치가』, 311b~c. '왕도정치술(basilikē technē)은 행복한 나라를 만드는 정치술(poli-tikē technē)임을 밝히고 있다.

상한 이상국가는 나라를 다스릴 통치자(archon)의 성품(ethos)과 매우 관련
이 깊다고 할 수 있다. 특히 통치자는 선미인(kaloskagathos)으로서 수호자
(phylakes)이어야 하는데, 그 인물은 '천성적으로 지혜를 사랑하며 격정적
이고 날래며 굳세야 한다'[05]고 하여 기개와 지혜를 사랑하는 영혼을 소유
할 것을 주장한다.

　이와 같은 플라톤의 주장은 그가 왜 『국가』에서 그렇게 많이 교육을
강조했는지를 짐작케 한다. 특히 '20세가 되기 전 2~3년간 신체교육
(gymnastikē)'[06]을 통해 건강한 아테네 청년들을 육성하고, 거기로부터 재
능 있는 자들을 골라 군인으로 양성하여, 그들의 나이가 '30세 정도에 이
르면 변증법(dialektikē)'[07], 즉 철학 교육을 시킬 것을 주장한 점은 의미심
장하다. 완전한 수호자가 되기 위해서 교육은 필수 사항이었다. 따라서
신체교육에 앞서 시가(詩歌, mousikē) 교육은 물론이요, '50세에 이르기 전
15년간은 통치자가 되기 위한 실무로서 관직에 종사'[08]해야만 했다. 플라
톤은 이 과정에서 '가장 뛰어난 자를 골라내어 수호자의 신분에 들게 하
였다.'[09] 그리고 50세가 되면 관직에서 물러나 좋음(善) 자체를 직관하는
생활 속에서 국가를 이끌어갈 위대한 생각들을 내놓아야 한다고 여겼다.

05　Ibid., 376c.
06　Ibid., 537b. 『법률』, 646d에서도 신체단련(somaskia)의 중요성을 언급하고 있다.
07　Ibid., 537d.
08　Ibid., 539e~540a.
09　Ibid., 412c. "통치자들은 수호자들 중에서도 가장 훌륭한 사람들이어야만 된다."

따라서 이러한 교육을 받은 자 중에서 가장 탁월한 자는 좋음 그 자체, 즉 선의 이데아에 그의 마음의 눈을 돌리도록 좋음 그 자체의 이데아에 그의 마음의 눈을 돌리도록 강제당하며, 그 자신의 여생 동안 좋음 그 자체를 모델로 하여 국가와 시민과 그 자신을 통치하게 된다.

그러나 아무리 최선의 인재라도 경우에 따라서는 문제가 생길지 모르기 때문에 수호자 신분의 사람들에게는 엄격한 생활 방식이 요구되었다. 수호자들은 '병사에서 공동생활'[10]을 해야만 했으며, 사유재산이 금지되었고, 그들의 자식들은 '공동 보모에 의해 양육'[11]되었다. 그리고 플라톤은 수호자 개인의 자유보다는 구속력이 있는 권위와 확고부동한 법률을 우선시하였다. 이와 같이 국가를 수호하는 수호자에게는 반드시 용기(andreia)가 필요한데, 이러한 용기는 체육을 통해 이루어지며, 어떠한 고통, 쾌락, 욕망, 공포에 굴복함이 없이 무서운 것들과 무섭지 않은 것들에 관한 올바르고 합리적인 견해를 잃지 않는 것을 의미하는 것이다.

플라톤은 "수호자를 위한 교육(paideia)으로서 신체(soma)를 위한 교육은 체육(gymnastikē)으로 가능하며 영혼(psychē)을 위한 교육은 시가(mousikē)로 가능하다"[12]고 했다. 특히 플라톤은 체육보다 시가가 선행되어야 하며, 신화나 전설 같은 이야기들을 포함시켜야 한다고 하였다. 바로 "어

---

10 플라톤은 『법률』(625c)에서도 이와 유사한 언급을 하고 있는데, 아테네의 법은 공동식사(syssitia)와 신체단련(ta gymnasia), 그리고 무기의 무장을 제도화 할 것을 강조한다.

11 『국가』, 457d.

12 Ibid., 376e.

린 시절은 성품이 형성되는 시기이므로 허구와 사실이 포함된 이야기들 중 참다운 것을 들려주어야 하며, 체육은 시가와 마찬가지로 어릴 때부터 시작하고, 일생 동안 계속되어야 한다고 했다."[13] 시가 다음에는 젊은 이들에게 체육에 의한 교육을 시켜야 함을 강조하였다. 이러한 체육교육은 일생 동안 받아야 했으며, 신체가 건강한 것이 영혼을 훌륭하게 만드는 것뿐만 아니라 오히려 훌륭한 영혼이 자신의 훌륭함에 의해 신체를 최대한 훌륭한 것으로 만들어 주는 것으로 보았다. 즉 영혼의 탁월함을 위한 체육교육임을 강조한 것이다.

플라톤은 특히 수호자에게는 단련이 필요함을 강조하였는데, 그들은 '개처럼 잠도 자지 않고 최대한으로 예리하게 보고 들으며, 전쟁에 참가해서는 물과 음식, 태양열과 혹한의 잦은 변화에도 견딜 수 있도록 체육을 통해 건강한 신체를 길러야만 한다.'[14] 그에게 있어서 최선의 체육은 바로 단순하고 훌륭한 체육이었으며, 특히 전쟁과 관련된 체육의 방식을 가장 훌륭한 것으로 보았다. 또한 그는 '신체적으로 좋은 상태에 있고자 한다면 양념을 첨가하지 않은 음식을 취하도록 하였으며, 무분별한 성교에 대한 절제를 요구했다. 즉 다양성(poikilia)은 무절제를 낳게 되고 질병을 가져다주는 반면, 단순성(haplotēs)은 시가와 관련해서는 절제를 낳고,

---

13 Ibid., 377a.

14 Ibid., 404a~b 참조.

체육과 관련해서는 신체의 건강을 낳는다'[15]고 하였다.

플라톤에 의하면 수호자 계급의 삶은 스파르타처럼 엄격하며, 통치자는 개인의 이득을 위해서가 아니라 전체 공동체의 선을 위하는 사람이어야 했다. 따라서 플라톤이 요구하는 수호자는 바로 이상적인 인간상이었다. 즉 훌륭함의 구현자(dēmiourgos)로서 그 제작행위(demiourgia)는 '인간적인 훌륭함(anthropeia aretē)'[16]이 묻어 나오는 '훌륭한 나라(agathē polis)'[17], '아름다운 나라(kallipolis)'[18], '참된 나라(alēthinē polis)이자 건강한 나라(hygiēs polis)'[19]로 귀결되고 있다. 결국 이와 같은 나라는 '지혜롭고 용기 있으며 절도 있고 또한 올바른 것'[20]일 수 있다. 따라서 플라톤은 자신이 구상한 이상국가가 '가장 아름다운 인간(ho kallistos anthropos)'[21]에 의해 이루어질 수 있다고 보았으며, 그러한 인물의 출현은 거의 '전적으로 교육에 의해 육성된다'[22]고 보았다.

---

15 Ibid., 404c~e 참조.

16 Ibid., 335c.

17 Ibid., 472e.

18 Ibid., 527c.

19 Ibid., 372e. 또한 신체(soma)의 질서(taxis)가 건강(hygieia)이듯이, "훌륭함(aretē)은 일종의 영혼(psychē)의 건강이요, 아름다움이며 좋은 상태(euexia)"라는 플라톤의 언급(『국가』, 444e)은 국가와 영혼의 아날로지를 감안해 볼 때 국가 상태의 비유로도 적합할 것이다.

20 Ibid., 427e.

21 Ibid., 472d.

22 『법률』, 641b. 『법률』편에서 '훌륭하게 교육을 받음으로써 훌륭한 사람들로 될 것'이라

게다가 플라톤은 '개의 비유'[23]를 통해 훌륭한 수호자가 되기 위해서는 지혜와 더불어 기백이 있고, 민첩하고, 힘과 용기가 있어야 하는데, 이것은 반드시 교육을 통하여 얻어진다고 믿었다. 앞에서 언급한 것과 마찬가지로 탁월한 영혼을 위해서는 체육(gymnastikē)이 매우 커다란 기여를 하고 있다는 것을 알 수 있다. 즉 플라톤은 영혼이 그 탁월성에 의해 신체를 가능한 한 훌륭하게 만든다고 주장하였다.

국가를 위한 수호자는 게으름이나 무절제한 삶으로 그들의 신체를 병들게 해서는 안 되며, 체육교육을 통해 건강한 신체를 유지해야만 했다. 또한 플라톤은 어떤 사람이 병약하여 더 이상의 의술로 그를 재활할 수 없다고 판단될 때에는 의술을 멈추고 차라리 그가 자연적으로 죽게 하는 것이 본인은 물론 많은 사람들과 국가를 위한 것이라고 하였다.

"체육 교사인 헤로디코스가 병약하게 되자 체육과 의술을 혼합하여 빈사 상태의 질환을 세심하게 돌보았지만 그의 신체를 낫게 할 수가 없었다. 그는 일생을 통해 치료를 하느라 다른 일체의 것들을 거들떠볼 여유도 없이 살았으며, 조금이라도 자신의 일상생활을 벗어나면 자신을 최대로 지

는 교육의 강조를 엿볼 수 있다.

23 『국가』, 375d~376b 참조. 플라톤은 수호자에 비유한 동물로 혈통 좋은 개를 언급한다. 즉 혈통 좋은 개의 기질은 천성으로 낯익은 사람이나 아는 사람에게는 최대한 온순하지만 모르는 사람에게는 정반대인 것과 같이 격정적인 것에 더하여 기질상으로 지혜를 사랑해야만 하는데, 이는 수호자가 될 사람은 혈통 좋은 개와 같이 천성적으로 지혜를 사랑하며 격정적이고 날래며 굳세어야 한다는 의미의 비유이다.

치게 만들었으며 훗날 다른 사람에게도 영향을 끼치게 되었는데, 그것은
자신의 재주로 해서 좀처럼 죽지 못하고 노령에 이르렀기 때문일세. … 목
수는 자신이 병이 나면 의사한테 약을 받아서 복용함으로써 병이 낫거나
절제 수술(tomē)을 이용해서 병에서 벗어나기를 기대하네. … 그러나 그에
게 식이요법을 지시한다면, 그는 자신의 병에 신경을 쓰느라 자기 앞에 있
는 일을 소홀이 하면서 병을 앓을 여유도 없으며, 그렇게 사는 것이 유익하
지 않다고 대뜸 말할 걸세. 그런 다음, 그는 그런 의사한테 작별을 고하고
자신의 익숙한 일상생활로 돌아가서, 건강을 회복하여 자신의 일을 하며
살게 될 걸세. 하나, 만일에 자신의 신체가 능히 감당을 할 수 없을 경우에
는, 마침내 죽게 되어 괴로움에서 벗어나게 되는 것이네."[24]

위의 내용은 누구라도 일생 동안 병을 앓으며 치료를 받을 한가로움
이 없다는 사실을 알고 있었기에 의사인 아스클레피오스가 치료를 멈추
게 되는 원인을 말하기 위한 서언이었다. 그리고 이와 같은 경우에서 장
인의 경우는 그렇게 해야 한다고 믿으면서도 부자들이나 행복한 사람들
로 판단되는 사람들의 경우에는 그렇게 행하고 있지 못함을 개탄했다.
그래서 생계가 확보된 그러한 사람들은 체육을 통해 '훌륭함(aretē)을 수
련해야만 한다'[25]고 했으며, 그들은 '체육의 한계를 넘은, 신체에 대한 지

---

24 Ibid., 406b~e.

25 Ibid., 407a. 일반적으로 'aretē'는 탁월함(excellence), 덕(virtue)으로 번역된다. (F. E.
　　Peters, *Greek Philosophical Terms: A Historical Lexicon*, New York: New York Univer-
　　sity Press, 1967, p. 25.) 그리스인들은 부류에 따라 나누어진 사물들을 기능(ergon)의 관

나친 보살핌이 지장을 초래할 수도 있기에 가정의 경영(oikonomia)과 관련해서도, 출진에 관련해서도, 그리고 나라에 있어서 앉아서 일을 보는 관직과 관련해서도 그것은 성가신 것이 되어'[26] 그들의 삶에 방해가 된다고 하였다.

플라톤은 건강한 신체를 갖고 있으나 선천적으로나 일상생활에 있어서 자신들의 어떤 특정한 부위에 병을 가진 자들에게만 약과 수술에 의한 처치로 병을 몰아내주고, 일상생활을 지시함으로써 나라 일을 망치는 일이 없도록 해야 한다고 하였다. 그러나 이미 극심한 병이 든 신체에 대해서는 섭생에 의해 조금씩 배설하게 투약을 함으로써, 당사자에게 길고도 한심한 세상을 살도록 하고, 또한 그런 사람이 자신의 자손을 낳고자 하는 것은 부적절한 것이라고 하였다. 특히 그렇게 정상적인 삶을 살지 못할 사람은 자신을 위해서도 나라를 위해서도 유익하지 않기에 치료를

점에서 그것들 나름의 좋은 또는 훌륭한 상태를 aretē(goodness)라고 했다. 부류 내지는 종류의 관점에서 보아 어떤 것이 좋거나 훌륭하면 agathos(good)하다고 하는데, 아레테는 아가토스의 명사형이다. agathos에 중성 정관사가 붙어서 추상명사로 되면 to agathon(the good), 즉 좋음 내지는 선(善)으로 된다. 그러니까 아레테는 사물들의 부류 내지 종류에 따른 '훌륭함', '빼어남', '~다움', 그리고 특히 기능면에서 '능함'을 의미하는데, 이것을 사람에 적용시키면 직업이나 성별 나이에 따라 아레테의 내용이 달라질 수 있다. 예를 들어, 군인다움, 여자다움, 화가로서의 훌륭함처럼 말이다. 그러나 이것을 단독으로 인간 자체와 관련지어 일반화시켜보면, 사람으로서의 훌륭함 내지는 좋음 또는 빼어남, 사람다움을 의미하게 되는데, 덕(德)이란 이런 경우 aretē의 무난한 번역어이다. 그러나 이 장에서는 필요에 따라 '덕'으로 번역하여 활용할 것이다. 박종현 옮김, 『희랍 철학 입문』, 서울: 종로서적, 1985. pp. 14~15, 역주 참조.

26 Ibid., 407b.

해서는 안 된다고 하였다.

또한 플라톤은 "의술의 신인 아스클레피오스가 황금에 설복 당해 사경을 헤매고 있던 부자를 치료를 해주었고, 바로 이 때문에 그가 벼락을 맞게 되었다고 말하며, 만약 그가 신의 아들이었다면, 추하게 욕심을 부리지 않았을 것이며, 만약에 그가 추하게 욕심을 부렸다면, 그는 신의 아들이 아니었을 것"[27]이라고 하였다. 그리고 의사는 신체로 신체를 치료하는 것이 아닌 영혼으로 신체를 치료해야 하는 것이기에 건강한 영혼을 소유한 의사로서의 본분을 언급하였다. 그리고 의사들은 국가의 시민들 중에서 신체적으로나 정신적으로나 성향상 알맞은 사람들은 돌보아야 하지만 그렇지 못한 사람들 중에서 신체적으로 그러한 사람들은 죽도록 내버려 두고, 정신적으로 그 성향이 나쁘고 불치 상태인 사람들은 스스로 죽게끔 해야 한다고 주장한다. 특히 수호자는 불가피한 경우가 아니라면, 체육을 행함으로써 의술(iatrikē)이 필요하지 않게끔 건강을 유지할 수 있도록 단련을 해야 한다고 하였다.

"수호자는 어떠한 악조건 속에서도 견디어낼 수 있는 신체의 훈련을 해야 하고, 체육은 그의 본성 안에 있는 기개적인 부분을 양육하기 위한 것"[28]이었다. 그러나 "수호자가 체육만 행하게 되면 필요 이상으로 사나워지게 되므로 시가를 통해 자신을 좋은 정도 이상으로 부드럽게 해야

27　Ibid., 408c.

28　Ibid., 410b.

만 한다고 하였다. 즉 사나움은 천성의 격정적인 면에서 유래하는 것이며, 이러한 격정적인 면이 옳게만 양육되면 용감해지는 것이지만, 필요 이상으로 조장하게 되면 경직되고 거칠어지게 된다"[29]고 하였다. 반대로 플라톤은 시가를 통해 양육되는 온순함은 지혜를 사랑하는 성향으로 너무 느슨해지면 필요 이상으로 부드러워지지만 훌륭하게 양육될 경우에는 온순하고 단정하게 된다고 하였다.

수호자는 '이러한 양면'[30]을 지니고 있어야 하고, "체육교육과 시가교육이 조화를 이룰 수 있도록 교육되어야만 하며, 이러한 양면의 교육이 잘 이루어진 수호자의 영혼만이 절도 있고, 격정적이며, 날래며, 굳세고 용감하게 되는 것"[31]이라 하였다. 즉 "시가교육에 의해 영혼(psychē)을 보살펴야 하며 또한 체육을 통해 신체(sōma)를 보살펴야 하는데, 이 두 교육이 조화로운 교육이 되지 못한 수호자의 영혼은 비겁하고 사나워지게 된다"[32]고 하였다. 플라톤은 수호자가 만약 체육을 통해 아주 좋은 상태에서 기개로 충만해서 자기 이상으로 용감해질지라도 시가를 통해 순화되지 못한다면 모든 것을 폭력과 난폭에 의해 이루려고 할 것이며, '무교양(amousia)'[33]의 상태가 되거나 무지와 졸렬함 속에서 상스럽고 무례하게

---

29 Ibid., 410d~e 참조.

30 Ibid., 410e.

31 Ibid., 376e.

32 Ibid., 410c.

33 Ibid., 403c.

살아갈 것이라 하여 시가와 체육의 '혼화(krasis)'[34]를 주장한다. 또한 플라톤은 '국가의 통치자(hoi archontes)들은 신체가 잘 단련되고 시가에 의해 잘 교육된 수호자들 중에서도 가장 훌륭한 사람들(hoi aristoi)이어야만 하며, 그럼으로써 이들이 나라를 잘 지키게 되는 것'[35]이라고 강조했다.

또한 플라톤은 체육을 지도함에 있어서 강제성을 띠어서는 안 된다고 하였다. 물론 강제로 교육된 체육이 아이들을 그다지 나쁘게 만들지는 않지만 가능한 아이에게 놀이와 같은 형태로서 지도되어야 하며, 적당한 시기에는 아이들을 말에 태워서 전쟁의 상황을 경험하게 해주는 것도 필요하다고 하였다. 그리고 그들이 '필수적인 체육을 행하게 되는 20세가 지나면 그들 중 모든 교과를 잘 수행한 자 중에서 수호자를 선발하기 위한 시도를 하게 된다.'[36] 즉 플라톤은 수호자를 위한 교육에서 체육은 시가교육과 함께 매우 중요한 교육과정으로 강조하고 있는 것이다.

또한 플라톤은 '감시견에도 암컷과 수컷이 똑같이 함께 지키고 사냥도 하듯이 여성에게도 수호자의 역할을 할 수 있도록 시가를 통해 미적 교육을 행해야 하며, 전쟁과 관련해서 임무를 잘 이행할 수 있도록 체육을 통해 신체를 단련시키고자 하였다.'[37] 그리고 '여성에게도 신체의 성장과 쇠퇴를 관장하며 생성과 소멸과 관련이 있는 체육을 위한 신체의

---

34 Ibid., 441e.

35 Ibid., 412c 참조.

36 Ibid., 537a~d 참조.

37 Ibid., 451d~458d 참조.

단련이 필요하다'[38]고 주장한다. 특히 『국가』편 5권에서 여성교육의 접근 방식을 설명하였는데, 여성교육에 대한 플라톤의 여러 가지 관점은 당시 사회적 통념을 깨는 주장이었다. 즉 "국가 수호자들에게 있어서 아내와 자녀와 관련된 공유는 어떤 것이며, 출생과 교육받을 시기 사이의 연령층에 있는 어린이들의 양육은 어떤 방식으로 해야 하는지를 말해 달라"[39]는 글라우콘(Glaucon)의 요청에 따라, 출산과 양육에 대한 논의를 전개시키는데, 여기에서 플라톤은 국가 전체를 유기적으로 관리하고자 할 때, 능력있는 여성을 국가 수호자 계급에 포함시켜 공적 역할을 분담할 수 있도록 할 필요가 있다고 주장한다.

플라톤은 이상국가를 실현하기 위한 국가 수호자로서의 역할에 여성이 참여할 수 있음을 시사하였고, 성에 따라 각기의 업무를 구별하였다. 이러한 주장은 남성과 여성의 업무에서 성의 차별성이 아닌 성의 구별을 말하고 있는 것이다. 예를 들어 플라톤은 나라를 경영하는 일에도 성향에 따라 여성도 관여하게 하고, 남성도 관여하게 되지만 이 모든 경우에 여자가 남자보다 힘이 약하다는 것을 인정하고, 그 배려가 필요하다고 언급하고 있다. 여성과 남성은 '여성은 아이를 낳으나 남성은 아이를 생기게 하는 생식기능의 차이만 있을 뿐'[40]이며, '여성은 힘이 약하나 남

---

38 Ibid., 521e 참조.

39 Ibid., 450c.

40 Ibid., 454d~e.

성은 한결 힘이 센 것을 제외하고는'[41] 남성과 여성이 다르다는 차별성에 대한 내용은 특별히 기술되어 있지 않다. 즉 모든 경우에 여자가 남자보다 힘이 약하기는 하지만 많은 것에 있어서 남자보다 나은 여자들도 많이 있음을 강조한다. 플라톤의 이러한 관점은 성에 따른 역할 분담이 아닌 '타고난 성향에 따른(kata physia) 역할 분담'[42]을 제안한 것이다. 바로 성향에 따름은 이상국가 수립의 전제였기에 플라톤의 이러한 주장은 이해가능한 부분이다. 국가 시민들이 맡아서 해야 할 일을 배정할 때, 남녀의 구별 없이 성향, 즉 자질의 종류에 따라 나누는 것은 당연한 논리로 받아들여지게 된다.

플라톤은 여성이나 남자 수호자들의 아내들에게도 남성들과 함께 수호자의 대열에 참여할 수 있고, 전쟁에도 참여할 수 있도록 신체교육을 받게 하는 것이 '자연의 이치에 어긋나지 않는다고 역설'[43]한다. 특히 남

---

41 Ibid., 451d~e.

42 Ibid., 455d.

43 Ibid., 456b 참조. 플라톤은 여성도 국가를 수호하도록 선발되어야 한다고 한 것처럼 남성과 여성의 차이를 단지 생식기능의 차이로 국한시켜 여성성의 생물학적 의미와 관습적 의미를 분리해서 논의하고 있다. 여성의 경우도 성향에 따라 의술에 능한 사람과 그렇지 못한 사람, 시가에 능한 사람과 그렇지 못한 사람, 체육과 전쟁에 능한 사람과 비호전적이고 체육도 싫어하는 사람, 지혜를 사랑하는 사람과 그렇지 못한 사람, 격정적인 사람과 소심한 사람 등 타고난 성향이 다양하게 나타난다. 수호자의 자질을 갖춘 경우, '여자는 약하고 남자는 강하다는 점을 제외하고 여자건 남자이건 간에 국가의 수호와 관련해서는 그 성향이 같다'는 것이다. 이것은 성향에 따른 학습능력의 차이가 같은 성향을 지니는 여성들에게는 남성과 동일한 교육을 제공해야 한다는 주장으로 귀결된다. 같은 성향의 사람을 떠맡는 교육에서 남자들을 수호자로 만드는 교육과

성 못지않은 영혼의 탁월성, 즉 수호자로서의 자질을 충분히 가지고 태어난 여성이라면 남성과 동등하게 시가교육, 즉 미적 교육과 체육을 실시해야 함을 강조한 것이다. 그리고 그러한 여성들은 수호자뿐만 아니라 입법자로 선발해야 한다고 했다. 이를 통해 최선의 남녀들이 나라를 이끌어 이상국가를 실현할 수 있다고 본 것이다. 그러나 플라톤이 여성에게 남자 수호자와 같이 평등한 신체교육을 시켰다는 사실만으로 플라톤을 진보적인 남녀평등주의자였다고 단언하기는 어렵다.

4-2. 『법률』편에 나타난 신체교육

플라톤은 조화롭고 균형이 잡힌 전인적 인간의 형성에 교육적 관점을 두고 있었다. 그래서 신체와 영혼이 균형 잡히지 못한 것은 아름답지 않은 것이었다. 예를 들어 너무 강한 영혼은 신체를 병들게 할 수도 있다. 또한 인간이 체육에만 치우치게 되면 사고의 게으름을 초래하여 영혼을 파멸시킬 수 있으므로 정신을 가볍게 다루어서는 안 되며, 마찬가지로 탐구에만 몰두하는 사람도 체육을 잊어서는 안 된다는 것이다. 따라

여자를 수호자로 만드는 교육은 다르지 않아야 한다고 했다. 국가를 수호하고 경영하는데 적합한 소질, 즉 성향을 가지고 있는 여성들에게는 남자들과 똑같이 시가교육과 신체교육을 받도록 하는 것이 '자연의 이치나 성향에 어긋나지(para physin)' 않는다는 것이다. 플라톤은 『국가』편에서 개인적 성향에 따른 남녀 수호자들의 동일한 능력, 그에 따른 동일한 교육을 강조했던 것이다.

서 '진정으로 교양 있는 사람'[44]은 신체와 영혼의 조화를 이룬 사람이라고 하였다.

플라톤이 주장하는 신체와 영혼의 조화는 그의 교육관에 잘 나타나 있다. 바로 그의 파이데이아(paideia) 개념에서 그 의미를 찾을 수 있는 것이다. 본래 "그리스식 교육은 인간의 내면적 가치와 함께 외향이나 행위와 연관하는 개념으로서, 가축의 훈련이나 동·식물의 자연적 성장을 의미하는 사육(trophē)과는 대립되는 인간의 이상을 완수하는 교육이다. 플라톤의 교육관은 최상의 덕(aretē)의 실현을 목표로 하여 어린이(pais)로 하여금 선미인(kaloskagathos)에 이르게 하는 방도로써 신체와 영혼의 이상적인 완성을 성취하고자 하는 일종의 방법적 과정이다."[45]

플라톤은 18세까지 예술의 창작 및 감상을 통한 시가교육, 18세~20세까지 신체를 단련하는 체육을 통해, 교육적 성과가 높은 젊은이들을 선발하여 중등교육인 20세~30세까지 합리적 사고의 준비를 위한 수학(matematikē) 교육을 받게 하고, 고등교육인 30세~33세까지는 고도의 사유 체계인 변증법(dialektikē) 교육을 한다. 그리고 50세까지 국방의 의무를 수행하게 하는 정치(politikē) 교육을 마친 사람만이 국가의 통치자가 될 수 있었다. 이때 초기 교육인 시가교육(mousikē)과 체육교육(gymnastikē)은 이후에 이루어지는 교육의 밑거름으로서 그 의미가 매우 크다. 왜

---

44 J. 힐쉬베르거, 강성위 옮김, 1988. 174쪽 참조.

45 W. Jaeger, *Paideia: The Ideals of Greek Culture*, Vol. 2, New York: Oxford University Press, 1963. p. 211 참조.

냐하면 플라톤의 교육관은 철인정치에 필요한 철인을 길러내는 교육 체계로서 그리스의 민주시민이면 누구나 다 교육을 받아야 했기 때문이다. 그와 같이 인간은 초기교육을 통해서 먼저 영혼을 잘 다듬은 후에 신체와 만나 마음을 닦음으로써 하나의 완성된 인격체, 영혼과 신체가 조화로운 선미인, 즉 덕스러운 인간을 목적으로 해야 한다. 따라서 신체를 단련시키는 체육교육은 영혼을 위한 시가교육에 못지않은 중요한 교육의 과정인 것이다.

플라톤은 『법률』편에서 인간의 성장 및 발달의 단계를 구분하여 그에 따르는 교육의 내용과 방법을 제시하였다. 먼저 『법률』편에 나타나는 신체활동 가운데 태아를 위한 임산부의 운동에 대한 내용으로부터 기술되어 있다. 플라톤은 '신체 운동을 모태 속에 있는 태아기부터 시작해야 한다고 주장하면서, 태아가 모태 내에서 다량의 영양분을 섭취하고 있어 발육이 매우 활발하므로 많은 양의 운동을 해야 한다'[46]고 하였다. 그러나 '태아는 스스로 운동할 수 없으므로 임산부의 운동을 통해 태아에게 할 수 있는 독특한 운동 방법을 제시하였는데, 플라톤은 이러한 방법을 아테네에서 성행되던 투계용 닭의 사육법에 비유하여 설명하였다.'[47]

---

46   『법률』, 789a~789e.

47   여인성, "플라톤의 법률편에 나타난 체육내용 및 방법론에 관한 연구", 한국체육철학회 『한국체육철학회지』, 11(2), 2003. 180쪽.

"닭싸움에서 단지 닭을 격분시켜 싸움을 붙이는 데에 그쳐서는 미흡하다. 우리는 평소에 닭이 싸움을 잘 하도록 훈련을 시키는데 닭이 싸움을 잘할 수 있도록 사육하는 방법은 작은 놈은 손에 들고 큰 놈은 겨드랑이에 끼고는 몇십 리나 되는 먼 거리를 왔다 갔다 하는 것이다. 그런데 이것은 그들 자신을 위한 것이 아니라 닭의 건강을 위한 것이다."[48]

이것은 간접적인 태아의 운동 능력 양육법으로서 닭의 건강을 예제로 들어서 임산부를 통해 태아의 건강을 기를 수 있다는 내용을 전달하고자 한 것이다. 플라톤은 '임산부의 운동과 영양 섭취가 태아의 건강을 위한 중요한 요소라고 하였으며, 유아에 대한 운동은 임산부나 모자의 체조 등을 통해 이루어질 수 있다'[49]는 것이다. 또한 '음식이 잘 소화되고 신체의 아름다움과 건강 및 힘을 얻게 하기 위하여 운동이 필요'[50]하며, '임산부는 태아를 위하여 언행을 조심하고 지나친 쾌락과 고통을 피해야 하며, 사람들에게 온화한 마음으로 너그럽고 친절하게 대하는 수양을 쌓아야 한다.'[51]

당시의 의학적인 견해에 따르면, 신체가 타인에 의해서 또는 스스로에 의해서 율동적인 움직임을 하게 되면 운동의 효과가 있는 것이고 건

---

48 『법률』, 789b~d.

49 여인성, 2003. 181쪽 참조.

50 『법률』, 789d.

51 Ibid., 792c~e.

강해진다고 믿었다. 따라서 산모나 유모의 율동적인 움직임은 영아의 신체 운동을 도와주는 것이며, 그를 통해 영아는 건강하게 성장할 수 있다는 것이다.

플라톤은 덕을 형성하는 시기가 태아기로부터 시작되어야 하는데, 따라서 산모는 쾌락과 고통의 상황에서도 적절히 조화로운 감정을 지닐 수 있도록 노력해야 함을 강조한다. 또한 산모가 지나치게 웃거나 슬픈 상황을 맞이하게 되는 것도 태아에게는 해로운 것이며, 고통 없이 쾌락만을 추구하는 것만이 참된 생활은 아니었다. 쾌락과 고통의 사이의 가장 적절한 상태인 유쾌함(cheerfulness)을 지녀야 했다. 이러한 상태는 '신적인 상태(diathesis)'[52]로 가장 가치 있고 덕스러운 상태인 것이다. 즉 인간의 덕스러움은 영아시절로부터 외부의 영향력에 의해서 형성되기 때문에 매우 중요하게 생각되었던 것이다.

플라톤은 어릴수록 많은 운동량이 필요하며, 가능한 항상 움직임을 갖도록 교육하는 것이 바람직하다고 했다. 이와 같은 플라톤의 교육 방법은 '코리반테스'(Korybantes)[53]의 운동요법에서 비롯된 것이었다. 플라톤은 어린 아이로부터 적절한 운동을 계속적으로 수행할 것을 장려하고 있

---

52 Ibid., 792c~d.

53 코리반테스(Korybantes)는 키벨레(Kybelē)여신의 제관을 가리키는 말이다. 즉 북과 아울로스 연주에 맞추어 열광적인 춤을 추며 광란의 경지(korybantiasmos)에 이르게 하여 지친 상태에서 잠에 빠지게 하고, 그 이후 정신적 정화에 이르게 하는 동종 요법(homeopathy)의 일종을 일컫는 말이다. Ibid., 790d~e 참조.

다. 또한 어린 아이를 위한 신체적인 건강과 훈련이 어린 아이의 성격을 형성하는 데 매우 중요하기 때문에 아이에게 신체 율동을 가하여 안정감을 주고 불쾌감을 제거하여 어린 아이의 영혼을 잘 육성해야 한다고 보았다.

한편 플라톤은 '유아기에는 비애나 공포, 그리고 고통과 같은 것으로부터 자유롭게 해주어야 성인이 되어서 온유하고 명랑한 성격을 갖게 된다고 하였다. 특히 갓난아기의 경우는 타인의 습성을 모방하게 되므로 무작정 여러 가지 쾌락만을 제공하는 것을 금지하였다. 이와 같이 플라톤은 감정의 표현이 만족과 기쁨, 불만과 짜증을 울음과 몸짓으로 나타낼 뿐인 신생아를 위하여 보모나 부모의 역할이 매우 중요함을 강조한다.'[54] 유아기의 어린이들은 스스로 활동하며 놀이를 필요로 하기 때문에 그들에게 적절한 유희가 제공되어야 하고, 어린이는 심신에 알맞은 운동을 해야 하며, 유희와 더불어 체벌의 중요성을 주장하면서, 결코 어린 아이에게 창피를 주는 일은 금하도록 하였다.[55] 특히 신체적 발달이 왕성한 어린 시기에는 특별한 규칙을 가진 운동보다는 단순한 놀이 활동과 같은 쉬운 게임을 장려하였다.

플라톤은 어린 아이의 유희 방법과 관련해서도 미래의 직업에 알맞은 유희 활동을 시킬 것을 강조하였다. 특히 "놀이는 단순한 유희에 그칠 것

---

54 Ibid., 791a~b; 여인성, 2003. 182쪽 참조.

55 Ibid., 793e~794a 참조.

이 아니라 어른이 된 다음에 완성될 훌륭한 덕을 쌓도록 인도해야 한다고 주장함으로써 유희를 중요한 교육 내용으로 강조한다."[56] 소년시절에 체조와 운동을 많이 하는 것은 덕을 양육하는데 효과가 있으며, 체육은 두려움과 공포를 극복하고 쾌활한 기질과 용기를 기르는 데 유용하다[57]고 하여 균형성 있는 운동을 통해 조화로운 신체를 육성하는 데 역점을 두었다. 그리고 발육 단계에 따라 유희에서 체조나 모방 운동으로 전환할 것을 권장하였고, 그것은 바로 장차 덕성의 함양을 위한 체육활동이었다.

소년기의 신체와 관련된 것으로써 체육은 '춤(orchēsis)과 레슬링(palē)'이 있었다. 그 두 가지 중에서 먼저 '춤은 음악을 모방하여 정신적인 면의 덕을 함양하는데 유익하다. 그리고 다른 한편으로는 신체의 굴신 운동을 하게 함으로써 신체의 균형 있는 발달을 이룬다는 점에서 신체에 유익함을 준다.'[58] 당시 "그리스의 크레테에서는 쿠레테스(Kouretes)라는 춤으로 용기를 고무하였고, 스파르타에서는 디오스쿠로이(Dioskouroi)의 춤이 있었고, 아테네에는 갑주를 착용하고 추는 춤이 있었다."[59] 이와 같이 아동은 전쟁시와 같은 무장을 하고 춤을 추면서 행렬을 하고, 제례에 참가하거나 각종 경기에 참가하게 했다.

다음으로 "'레슬링은 승부를 위한 것이 아닌, 정신력과 체력 단련을

---

56 여인성, 2003. 183쪽 참조.

57 『법률』, 791b~d.

58 Ibid., 795d~e 참조.

59 Ibid., 796b~c.

위해서 실시해야 하며, 아동은 이를 통해 목과 허리, 손을 자유로이 움직이는 법과 체력을 단련시키게 된다고 하였다. 레슬링을 하는 동안에는 교사와 학생의 사이에 예의를 갖추는 것이 강조되는데, 교사는 호의를 가지고 가르쳐야 하며 아동은 감사하는 마음으로 배워야 한다."[60] 레슬링 교과에서 지도자와 학생간의 예의를 특히 중시하는 이유는 수련 중 과격한 성격을 갖게 되기 쉽고 신체적인 차이에 의하여 강자가 약자를 함부로 대할 수 있기 때문이었다.

6세 이후에는 남녀를 구별하여 공부를 하게 하였으며, 남자는 승마, 궁술, 투창 및 투석기로 돌 던지기를 가르치는 교사에게 가서 공부를 하고, 여자도 이상이 없을 경우에는 이와 같은 교육을 받게 하였다.[61] 이와 같이 "플라톤은 남자와 여자의 성별에 따른 교과 학습의 편성에 대한 필요성과 성별에 따른 남녀 교사의 배치 문제, 그리고 심신의 발달을 고려하여 유아기에서의 유희 중심에서 벗어나 체조와 운동을 중점적으로 교육할 것을 제시하였다. 특히 이 시기부터는 이상적인 인간을 육성하기 위한 구체적인 교육의 단계로서 시가와 함께 체육이 강조되기 시작한다. 이 시기의 어린이들은 두 종류의 학교에서 교육을 받았는데 하나는 팔레스트라(Palaestra)라는 레슬링 학교였고, 또 다른 하나는 시가학교인 디다스칼레움(Didascaleum)이었다. 팔레스트라에서는 어린이들에게 체육을 가

60　Ibid., 796a~b.

61　Ibid., 794c~d.

르쳤으며 디다스칼레움에서는 문학과 시가 및 산수를 가르쳤다."[62]

한편 플라톤은 신체가 한 부위에 치우치게 발달하지 않도록 전체적으로 고른 발달을 강조하였다. 그는 '인간의 사지는 본래 균등하게 만들어졌는데 고약한 습관이나 우매한 보모나 어머니 때문에 그 기능이나 힘에서 불균형이 된다'[63]고 언급하고, 좌우 양손의 균등한 훈련이 필요함을 강조하였다. 예를 들어 '왼손을 오른손보다 약하게 만드는 것은 자연에 위배되는 일이라고 지적하였으며, 남자 아이든 여자 아이든 손발을 건전하게 발달시켜 힘이 닿는 데까지 자연이 준 것을 불량한 습관으로 그치는 일이 없도록 해야 한다'[64]고 강조하고, 이를 위해 '보모나 어린이의 유희를 감독하는 부모와 어린이의 교육을 감독하는 남자의 역할을 중요시하였다.'[65]

플라톤은 특히 청년기의 사람들에게 체육을 강조하고 이상국가의 방위 수호자 양성 방책으로서의 체육 내용을 더욱 구체화하였다. 그는 이 시기에도 교육의 두 가지 과목인 체육과 시가의 교과목을 강조하였다.

> "청년기 교육에는 두 가지 과목이 있다. 하나는 체육으로서 신체의 단련과 관련된 것이고, 또 하나는 시가로서 정신의 향상을 위한 것이다. 그리고 체육에는 춤과 레슬링이 있는데 춤의 일부는 시가를 모방하여 위엄과

---

62   여인성, 2003. 183쪽.

63   『법률』, 794d~795a 참조.

64   Ibid., 794e 참조.

65   여인성, 2003. 183쪽.

자유의 보존을 목적으로 삼고 다른 일부는 신체에 적당한 굴신 운동을 하
게 하여 전신의 조화적 발달을 가져오며 건강한 경쾌미를 자아내게 하려
는 것이다. 목이나 손, 허리 같은 곳의 건강을 위해 자유로이 움직이며 확
고한 정신력과 체력을 행사하는 레슬링은 언제나 유용하므로 게을리해서
는 안 된다."[66]

위와 같은 교과의 운영은 체육을 시가와 병행 실시하되 정신적 훈련
을 목표로 하여 조화로운 발달을 꾀하고 신체의 절제를 위하여 극기, 단
순, 소박한 군사훈련을 실시할 것을 강조한다. 플라톤은 더 나아가 청년
기의 전신운동으로서 춤을 장려하였다.

"청년기의 전신운동은 춤이 있으며, 그 춤(orchēsis)에는 두 가지가 있다.
하나는 아름다운 몸들을 표현하는 것으로 고귀함(to semnon)을 목표로 하는
춤이고, 또 하나는 추한 몸들을 표현하는 것으로 천박함(to phaulon)을 목표
로 하는 춤이다. 그리고 이 양자는 다시 두 가지로 구별할 수 있는데, 고귀한
춤(to semnon)에서 하나는 전쟁과 같은 격렬한 행동에 관련된 것과 고귀한
인물과 용감한 심정을 나타낸 전쟁의 춤(pyrikē)이며, 또 하나는 번영과 적
절한 쾌락을 즐기는 절도 있는 정신을 나타내는 평화의 춤(emmeleia)이다."[67]

---

66 『법률』, 795d~796b.

67 Ibid., 814e~815b.

　이와 같이 플라톤은 춤이 행위나 운영 및 기질 등에 관한 특이한 태도를 모방한 것이라 말하고 춤의 종류에 대해 설명한다. 그리고 두 종류의 춤 중에서 저속한 춤은 실시하지 않도록 하고 고상한 춤만을 장려한다. 한편 플라톤은 '고상한 춤으로 상무 정신이 표현된 사술, 투창 등 여러 가지 공격을 모방한 피리코스(Pyrrhikhos) 군무를 들고 있으며, 평화의 춤으로는 엠멜레이아 또는 질서의 춤'[68]을 예로 들었다. 이러한 플라톤의 춤에 대한 견해에 관해 모로우(Morrow)는 "플라톤은 춤이 움직임을 통해 신체와 영혼의 선함과 악함, 그리고 나약함과 강건함을 구별할 수 있는 능력을 일깨워준다고 보았다. 즉 춤의 교육을 충분히 받은 자는 단지 춤을 잘 출 수 있는 것뿐만 아니라 인성의 개발에 커다란 도움을 주며, 또한 일반적인 행동에 있어서 선을 행하게 됨으로써 최대의 기쁨을 갖게 되는 것이다. 아동으로부터 실시되는 이러한 춤의 교육은 선과 악을 구별할 수 있는 능력을 일깨워 준다. 플라톤은 즐거움과 고통의 감정이 춤의 훈련으로 다스려질 수 있으므로, 아동에게 좋은 것과 싫은 것을 습관화시킴으로서 성인이 되었을 때에 그것을 구분할 수 있도록 교육해야 된다고 하였다. 이러한 감정에 대한 훈련은 춤으로 가능한 것이기에 교육과정에서 매우 중요한 내용임을 강조한 것이다. 그리고 놀이의 형태로서 춤은 자연스럽게 표현력을 일깨워 주며, 내적 기쁨을 가져다주는 것이기에 장

68　Ibid., 815a~816d.

려되어야 함을 권장했다."[69] 즉 모로우의 견해는 춤이 신체와 영혼을 위한 감성교육으로서 매우 중요한 역할을 해줄 것이라는 플라톤의 견해를 잘 나타내주고 있다.

플라톤은 군사와 관련된 교육에서 손발은 물론 신체의 모든 동작이 민첩해야 된다고 하였다. "그는 달리기를 하거나 적을 사로잡으려 할 때도 발이 빨라야 하며 적과 서로 가까이서 결투할 경우에는 힘과 용기를 필요로 한다. 운동경기의 종목은 주로 상무정신을 고취시키고, 또한 이를 활용할 수 있는 종목만을 채택하며, 기타의 일반적인 운동경기는 불필요하다고 했다."[70]

필자는 지금까지 플라톤의 신체사상을 중심으로 『국가』편으로부터 수호자를 위한 그의 신체관을 살펴보았고, 『법률』편에서 나타나는 체육 내용 및 방법론을 중심으로 플라톤이 체육에 끼친 영향 등을 논의하였다. 일반적으로 플라톤은 단순히 형이상학적 이원론자로서 정신을 우위에 두고 신체를 무시한 철학자로 인식되어 체육학자들로부터 비난의 대상이 되곤 하였다. 그러나 이는 "심신에 대한 플라톤의 견해가 오르페우스교적 측면에서만 이해되고 강조되어 심신의 분리만이 강조되었기 때문이다. 그러나 그의 이데아론적 심신관에 의하면 하나의 인간 안에 마음과 신체는 결코 분리될 수 없는 것이다. 즉 그는 인간의 심신을 나누려

---

69 Morrow, Glenn R., *Plato's Cretan City: A Historical Interpretation of the Laws* (New Jersey: Princeton University Press, 1993), pp. 308~309 참조.

70 여인성, 2003. 185쪽.

하지 않는 심신일체적 혹은 심신통일체적 견해를 가지고 있었다. 플라톤의 심신이 조화로운 이상적인 인간상의 추구는 곧 이상국가 실현을 위한 유능한 수호자 및 훌륭한 민주시민 양성을 위한 것이었다. 이를 위해 그는 체육을 필수과목으로 강조하였으며, 이는 곧 오늘날 체육의 목적이 신체활동을 통한 인간형성이란 점에 비추어 볼 때, 플라톤의 신체관은 현대 체육교육의 합목적적 의미를 내포하고 있다.”[71] 또한 플라톤은 영혼교육과 함께 체육을 교육의 중요한 부분으로서 강조하였으며, 이를 통하여 4주덕을 실현하고자 하였던 것이다. 이와 같이 플라톤은 그의 『법률』편에서 체육의 내용과 방법에 대한 탁월한 관점을 보여주고 있다.

그리고 『국가』편에서 주장했던 것과 같이 여성의 체육활동에 대한 내용이 『법률』편에도 언급되어 있다. 그러나 ‘플라톤의 이러한 관점’[72]은 여성이 신체적으로나 정신적으로나 열등하다는 당시의 그리스 여성상을 고려해볼 때, 서양 사상사에서 보기 드문 사례이다. 아마도 플라톤의 이러한 여성교육에 대한 주장은 ‘현대의 체육 현장, 즉 스포츠 세계에서 꽃을 피우고 있는 듯하다.’[73]

---

71 여인성, 2003. 185~186쪽 참조.

72 플라톤은 남녀의 능력과 업적의 차이가 어디서 생기는지 묻고, 그 답을 교육과 양육의 차이에서 찾고 있다. 플라톤은 아테네 입법가는 법률에 근거해서 소년과 소녀가 모두 동일한 교육과 훈련을 받아야 하며, 여성은 교육과 그 밖의 모든 부문에서 가능한 한 생활양식의 전부를 최대한 남성과 공유해야 한다는 것이다. 『법률』, 805c~d 참조.

73 고대로부터 시작된 올림픽 대회가 중단되고, 1896년 근대 올림픽 대회를 창시하는 데 가장 큰 역할을 한 쿠베르탱(Coubertin, 1863~1937)은 올림픽에서 여성이 할 수 있는 일

4-3. 신체교육과 덕의 함양

플라톤은 『파이돈』편에서 신체와 체육에 대한 부정적인 견해를 보이고 있지만, 3장에서 밝힌 바와 같이 그렇다고 이것이 플라톤의 유일한 입장은 아닌 것으로 생각된다. 오히려 그것은 플라톤에게 있어서 신체교육이 덕의 교육을 위해 크게 작용될 수 있다는 신념의 근원일 수도 있다. 이러한 암시는 『국가』편에서 밝히고 있듯이 수호자들의 교육으로서의 '김나스티케에 관한 논쟁'[74]에 의해 증명된다. 플라톤은 인간교육으로 보통 음악이나 시가교육으로 번역되고 있는 무시케와 신체교육으로 번역되는 김나스티케라는 중대한 두 가지의 요소를 제시한다. 그러나 아이러니하

은 우승 왕관을 배달해주는 것이라며, 여성의 스포츠 참여를 반대하였다. 그리고 1900년에 열렸던 제2회 파리 올림픽에서 12명의 여자들이 테니스와 골프 종목에만 참여했을 뿐이었다. 1956년 멜버른 올림픽까지 여자는 장거리달리기 경기에 참여할 수가 없었다. 왜냐하면 몇몇의 사람들이 공공장소에서 땀에 젖은 여자를 보는 것이 부도덕한 것이라고 주장했기 때문이다. 그러나 그 이후부터 여성의 경기 참여를 막던 그 장벽이 차츰 무너져 갔다. 현대에 이르러 올림픽 경기의 여성 참가율이 약 40%를 웃돌고 있으며, 남성들만의 운동경기로 인식되었던 역도나 레슬링 종목에도 여자 선수가 참가하게 되었다. 올림픽에서 여자가 참여할 수 없는 종목은 단지 복싱뿐이었다. 그러나 플라톤이 주장한 내용대로 남녀의 동일한 신체의 교육 요구에 따른다면 올림픽의 모든 경기에 여성이 참여하는 것은 시간문제였다. 왜냐하면 금기로 되어 있었던 여성의 복싱 참여가 현대에 이르러 호신술로서 이미 많은 각광을 받고 있기 때문이다. 현재 여성 세계타이틀전도 실시되고 있고, 한국도 이미 여성 세계챔피언을 배출하고 있는 실정이다. 따라서 이러한 흐름을 반영하여 2012년 런던 올림픽에서는 여성 복싱경기가 정식 종목으로 채택되기에 이르렀다.

74 H. L. Reid, Sport and Moral Education in Plato's Republic", *Journal of the Philosophy of Sport*, Vol. 34, 2007. pp. 160~175.

게도 이 둘은 오늘날의 교육체계에서 그다지 중요하게 생각되지 않고 있다. 따라서 체육은 국가의 정책적 상황에서 어려움이 닥쳤을 때에 가장 먼저 제거의 대상이 되는 교과목이 되어버렸다. 그러나 플라톤에게서 분명한 점은 시가교육과 함께 체육이 교육의 중심적 위치에 자리하고 있다는 점이다. 이는 다음의 『국가』편의 내용을 통해서도 확인할 수 있다.

> "체육과 시가의 가장 훌륭한 조합을 만들고 그것을 가장 적절한 수단으로 그의 영혼에 가져다 놓는 사람이야말로 우리가 현을 서로에게 조율하는 사람보다 훨씬 더 가장 완벽하게 음악적이고 잘 조화되었다고 가장 올바르게 말할 수 있다."[75]

혹자는 플라톤이 시가는 영혼을 훈련하는 데 사용하고, 체육은 신체를 훈련하는 데 사용하는 이원론적 접근을 따랐다고 주장하지만, 플라톤은 실제로 '김나스티케, 즉 신체교육은 신체라 불리는 하나의 물질이 아닌 완전체로서의 인간을 향상시키는 데 초점을 두어 교육해야 한다'[76]고 주장하였다. 이것은 영혼과 신체가 친밀하게 상호작용하여 어느 쪽도 서로에게서 떨어지지 않을 때에 그러한 것이다. 이것이 바로 체육의 교육적 토대가 오로지 신체만 발달시키는 것이 아니라, 자아를 발달시키는 데 필요하다고 믿는 원인이 되었다. 현대의 교육자들은 이원론적 가정으

---

75 『국가』, 412a.

76 D. Hyland, *Philosophy of Sport,* New York: Paragon House (1990), p. 98.

로 인해 체육의 중요성을 인식하지 못하고, 영혼과 신체의 깊은 관계를 숙고하지 않고 있다. 이것은 체육이 신체적인 역할뿐만 아니라 신체를 통해 영혼과 밀접한 관련을 갖게 되는 매우 중요한 교육이라는 사실을 망각하고 있는 것이다.

덕으로 해석되는 그리스어 아레테(aretē)는 엄밀히 말하자면 탁월성으로 해석될 수 있으며, 따라서 인간의 아레테는 도덕적 우수성으로 의미 지울 수도 있다. 앞 절에서 검토한 바와 같이 플라톤은 덕을 육성하는 교육의 한 과정으로 체육을 중시했음을 알 수 있으며, 영혼 안의 아레테는 교육의 목표이자 도덕적이고 행복한 인간의 결과물이었다. 즉 플라톤은 김나스티케의 강조를 통해 체육이 인간의 덕을 육성하는데 있어 도움이 된다고 믿고 있다. 아마도 플라톤이 체육을 통해 인격이 형성된다는 인식을 갖게 된 것은 그가 운동선수로서의 경험을 가지고 있었기 때문인 것으로 생각된다. 다시 말해서 신체적 움직임의 근원이 영혼이고, 덕이 영혼의 건강이라는 플라톤의 신념으로 보았을 때, 플라톤은 덕의 교육을 영혼의 훈련과 같은 맥락으로 본 것이다.

플라톤은 영혼 모두를 통합하기 위한 국가의 교육 프로그램에서 체육교육을 필수적인 내용으로 하였다. '그는 김나스티케는 영혼의 세 부분이 조화를 이루는데 크게 기여할 수 있어야 하며, 덕은 영혼의 세 부분들의 협동이자 단일화라고 표현된다. 즉 덕은 다른 것들을 한데 묶고, 그를 통해 완전히 조화롭고 알맞은 하나가 된다고 한다. 즉 그는 영혼의 세 부분인 이성적, 기개적, 욕구적 부분이 조화를 이루게 되면 영혼이 정의로

운 행동을 하게 되고, 정의로운 상태가 유지된다고 주장하였다.'[77]

『국가』편에서 신체교육은 덕을 육성하여 결국 영혼을 이롭게 하기 위해 존재하는 것이다. 다시 말해서 체육이 영혼을 조화롭게 하도록 돕고, 삶에 필요한 도덕적 능력을 기르게 하는 가치가 있는 것으로 해석될 수 있다. 따라서 체육이 인격을 형성한다는 신념의 원류는 플라톤이고, 그 전거는 『국가』편의 신체교육에 관한 여러 논증에서 발견된다.

대부분의 학자들은 고대 그리스의 제전경기로부터 행해졌던 운동경기가 삶과 연관되어 생겨난 것으로 당시의 체육활동이 인격을 형성하는 데 기여했다는 사실을 그다지 중요하게 생각하지 않았다. 즉 그들은 체육교육이 덕의 교육과 관련이 있다는 사실에 주목하지 않았던 것이다. 그러나 플라톤은 『국가』편에서 체육교육을 운동경기에만 한정하지 않고, 춤, 사냥, 운동경기, 경마와 같은 예를 들면서 포괄적 의미로 설명하고자 하였다. 하지만 자세히 검토해 보면 신체훈련에 대한 국가의 용도는 국가의 다른 이상론만큼이나 개혁적이라는 사실을 발견할 수 있다. 『국가』편에서 체육교육의 목표는 미덕, 탁월성, 또는 몸이 아닌 마음과 영혼의 성질이라 믿었던 덕을 육성하는 것이었다.

플라톤은 수호자들의 신체는 그들의 영혼과 도시를 위하여 명확하게 사용되어야 한다고 했다. 바로 신체교육은 영혼을 조화시키는 데, 그리고 공공의 봉사자로서 덕성을 육성하는 데 도움을 준다고 한 것이다. 플

---

77 H. L. Reid, 2007. p. 163 참조.

라톤은 『국가』편에서 김나스티케는 신체뿐만이 아닌 시가와 같이 영혼을 위하여 행하는 것이라고 주장하고, 신은 인간에게 시가와 신체교육을 영혼과 신체를 위해 준 것이 아니라 지혜를 사랑하는 활발한 영혼들이 서로 조화를 이루어 적합한 정도가 되기를 위해 준 것이라고 하였다.

플라톤은 인간이 인간다울 수 있는 것은 신체 속에 있는 영혼에 의한 것이라고 하며, 인간의 영혼을 보다 세분화시켰다. 그는 인간의 영혼을 3분하였는데, '첫째는 이성적 부분(to logistikon)이고, 또 다른 하나는 기개적 부분(to thymoeides), 그리고 마지막으로 욕구적 부분(to epithymetikon)'[78]이다. 이것은 오늘날 인간 영혼을 지·의·정이라고 구분하고 있는 사고의 중심이 된 것이다. 이중에서 '체육과 밀접한 연관성을 가지고 있는 것은 기개적 부분으로서 이를 수련(gymnasia)하는 데 체육의 궁극적 목적이 있는 것'[79]이라고 했다. 즉 그는 신체운동을 통해 인간의 영혼을 도야한다고 주장을 하였기에 참다운 체육의 목적은 영혼의 도야에 있는 것으로 간주했으며, 특히 기개적 부분에 그 주안점을 두고 있다.

플라톤이 말하는 4주덕은 '지혜(phronesis), 용기(andreia), 절제(sophrosynē), 정의(dikaiosynē)'[80]를 말하는 것이다. 플라톤에게 있어서 덕이란 내적인 탁월한 성품을 말하는 것으로서 그것은 좋은 성향, 즉 단순함을

---

78 『국가』, 440e~441a 참조.

79 Ibid., 410b 참조.

80 『법률』, 630a~b.

그 특성으로 한다. "철인과 이성적 영혼은 지향하는 궁극적 목적이 '지혜'의 덕에 있으며, 전사와 기개적 부분은 '용기'의 덕에, 그리고 장인과 욕구적 부분은 '절제'의 덕을 도야해야만, 한 국가와 한 개인의 '정의'가 이루어져 부강한 국가가 되고 개인은 건강한 개인이 된다. 그 중에서 체육은 '용기'의 덕을 형성케 하는 것이며, 그것이 곧 참다운 체육의 목적이다. 신체를 통해 영혼을 도야시킴으로써 이성에 힘을 실어 주고, 감성이 이성의 지시에 순응케 하는 기개적 부분을 도야시키는 것이 체육이 궁극적으로 지향해야 할 이데아의 경지이다."[81] 『고르기아스』에서는 '4가지의 전문지식 내지는 기술에 대한 언급이 있는데, 그것은 바로 인간의 정신을 중심으로 한 입법 기술(nomothetikē)과 사법 기술(dikaiosynē), 인간의 신체를 중심으로 한 체육 기술(gymnastikē)과 의학 기술(iatrikē)'[82]이라고 밝히고 있다. 이 중에서 체육 기술은 기개적 부분, 즉 용기를 양산하기 위한 가장 유용한 방법이다.

'용기는 에로스가 사랑하는 자들에게 주는 선물'[83]이다. 그렇다면 플라톤이 말하는 용기는 무엇을 의미하는가? 플라톤은 "용기란 자기 위치를 끝까지 지키고 상대와 싸우는 것이며, 용기가 단지 군사상의 용기뿐만 아니라, 해상에서의 용기, 질병과 곤란에 대처하는 용기, 정치상의 용

---

81 정삼현, 이동건, "플라톤의 체육과 용기형성 연구", 한국체육철학회 『한국체육철학회지』 7(2), 1999. 261쪽 참조.

82 『고르기아스』, 464b~465a 참조.

83 『향연』, 179b.

기, 공포와 고통, 욕망과 쾌락에 대해서 족함을 아는 용기, 자기를 지키는 용기, 혹은 상대를 공격하는 용기가 있다"[84]고 한다. 플라톤은 용기의 보편적 공통성으로 정신의 인내력과 고귀함을 논하는데, "모든 인내가 반드시 용기라고 말할 수 없을 뿐만 아니라 어리석은 인내는 고귀한 것이 아니라 악하고 해롭다"[85]고 말한다. 또한 플라톤은 "용기가 지혜라고 말할 수 없는 것은 용기가 전쟁에서나 그 밖에 일에도 사람에게 그 두려움을 알게 하고 이에 대해 자신감을 갖게 하는 지식이기 때문"[86]이라고 하였다. 특히 그는 "용기란 두려움과 소망의 기초를 아는 지식이라고 단언하면서 절제나 정의 등과 같은 덕의 일부분일 뿐만 아니라 일체의 덕"[87]이라고 하면서 '용기'[88]에 대해 포괄적인 개념을 피력하였다.

플라톤에게 있어서 기개는 현악기의 현을 조율하듯이 별개의 훈련이 필요하다. 용기의 정신력을 형성하게 하는 방법은 김나스티케(gymnastikē), 즉 오늘날의 체육이며, 이때의 영혼을 구성하는 두 번째 요소로서 '기개'[89]는 용기의 필수적인 기초라고 볼 수 있다. 기개는 용맹함과 대담

84　『라케스』, 191e~192a.

85　Ibid., 192b~d 참조.

86　Ibid., 194d~195a.

87　Ibid., 197a~199e.

88　고대 그리스어로 '용기'를 뜻하는 andreia는 '남자들'(andres, 단수는 aner)에서 파생했다. 따라서 용기의 어원적 의미는 '남성다움(manliness)'이다. 박종현 역주, 『법률』, 서광사, 2009, p. 113, 역주 150 참조.

89　기개는 영어로 'spirited part'라고 쓰기도 하며, 사회에서 이 부분이 발달한 사람을 가

성의 요소로서 호전성과 공격성의 원천으로 표현되기도 하고, 광기와 잔
인성으로 발전할 수도 있다. 이러한 기개는 체육을 통해 길러지는 영혼
의 한 부분으로써 올바르게 길러지면 참된 용기로 발전하기도 하지만,
지나치게 조장되었을 경우에는 맹목적으로 잔악해지거나 험악해지고,
시비조가 되거나 한쪽으로 잘못 빠질 수 있는 것이다. 우리는 이러한 기
개의 지나친 조장은 플라톤의 '사자의 비유'[90]에서 찾아볼 수 있다. 기개
는 티모스(thymos)라는 말에 흔히 따라다니는 분노의 감정과 호전성에 결
부된다. 그리고 기개의 좋은 쪽으로의 발달은 신사적인 경쟁을, 나쁜 쪽
으로의 발달은 단순한 파쟁심을 불러 온다. 또한 기개가 나쁜 쪽으로 발
달하면 공격성으로 돌변하거나 자기 고집으로 굳어 버리거나 나쁜 성질
로 뻗어나가기도 한다.[91]

플라톤은 체육이 지향해야 하는 궁극적 목적을 인간 영혼의 향상에
두고 있다. 우리는 그의 대화편을 통하여 영혼을 향한 신체의 필요성에
대한 사상적 근거를 확인할 수 있다. 특히 선미인을 향한 플라톤의 교육
관은 조화로운 인간교육을 위해 시가교육과 함께 신체교육을 매우 중요
하게 고려하였으며, 또한 4주덕 중에서도 용기는 체육을 통해 달성될 수

리켜 'spirited class'라 부르기도 한다. R. L. Nettleship, 김안중 옮김, 『플라톤의 교육
론』, 서광사, 1989. 33쪽 참조.

90 사자의 비유는 개나 말처럼 교육하여 온순해 지는 것과 반대로 기개만 넘쳐서 호전성
과 공격성, 광기와 잔인성을 지닌 사람을 비유하여 사자를 언급한 것이며, 기개만 넘치
고 교육되지 못한 사람을 말한다. R. L. Nettleship, 김안중 옮김, 1989. 34쪽.

91 R. L. Nettleship, 김안중 옮김, 1989. 34~36쪽 참조.

있는 것임을 검증할 수 있다. 즉 『국가』편과 『법률』편에서 강조되고 있는 신체교육을 통해서 획득하고자 하였던 덕은 지혜나 절제라기보다는 바로 기개적인 욕구로서 용기의 덕을 함양하기 위한 것이다.

5. 플라톤 신체관의 현대적 의미

    인간의 신체는 '신비체'[01]이자 진화의 최고 산물이다. 현대에 이르러 이러한 인간의 신체가 갖는 구조와 작용에 대한 연구는 이미 자연과학의 분야에서 수없이 시도되어 왔다. 그러나 신체를 오직 자연과학적 방법에 의해 해명하려는 이러한 노력들은 인간의 신체에 대한 다양한 이해와 이를 바탕으로 한 혜택을 주는 반면, 계량화된 과학적 방법론의 신체에 대한 획일적 적용은 적지 않은 문제점을 만들어내기도 하였다. 근세 이후 자연과학적 세계관은 무기질적, 무목적적, 그리고 몰가치적인 물질 개념을 전제로 한다. 즉 등질적인 공간에 있어서 물질 그 자체의 변화와 경험적 지각의 자료를 전제로 하고 있으며, 현대인의 신체관도 이러한 데카르트주의적, 혹은 유물론적인 사고방식의 영향 아래에 있다고 볼 수 있다.

---

01   신비체는 '오감으로는 식별할 수 없는 초감각적 세계에 존재하는 몸의 총칭'으로서 '영혼을 담고 있는 신비한 신체'를 의미하며, Weldon의 논문 53쪽에 기술되어 있는 'Subtle Body'를 필자가 자의적으로 번역한 것이다.

이로써 오늘날에 이르러 단순한 물체로서의 신체, 인간 삶에 있어서 신체의 의미와 가치, 그리고 자연과 사회에 있어서 신체에 부여된 목적과 역할이 통합적 관점에서 다시 논의되어야 할 필요성이 자명해졌다. 특히 플라톤이 활동한 고대 그리스에서는 개개의 학문 영역이 현대처럼 전문화 또는 분화되어 있지 않았기 때문에 자연과 정치, 윤리, 종교, 예술 등의 다양한 연구 대상이 철학이라는 이름 아래 논의되었다. 이러한 사실은 플라톤의 철학 체계가 현대의 전문화, 분화되어 버린 학문 영역을 통일적인 시야로 수렴함으로써 자연과학적인 견지를 변증법적으로 지양하는데 있어서 충분한 역할을 할 수 있음을 의미한다. 인간 신체의 본질을 자연뿐만 아니라 사회와의 관계 속에서 탐구하고, 인간 존재의 문제까지 거슬러 올라가 파악하려는 모든 시도는 플라톤의 철학에서 적지 않은 시사점을 발견할 수 있을 것이다.

플라톤을 통해 신체를 재해석하고자 하는 시도는 현대에 이르기까지 서구 지성의 역사를 통해 오랫동안 잊혀져왔던 주제를 탐구하는 것이다. 이러한 탐구가 20세기 후반부터 급속하게 확산되면서 신체에 관한 담론이 서구 지성의 역사를 지배해 왔던 정신주의의 전통을 극복하고 신체의 복권을 시도할 때까지 지속적으로 논의되어 왔다. 노양진은 미국의 철학에서 신체에 대한 새로운 관심을 다음과 같이 언급하고 있다.

"신체는 감성과 욕망의 주체이자 객체이며, 감성사회로 이해되는 현대 자본주의의 속성을 이해하는데 필수불가결한 담론의 대상으로 부각되고 있다. 그리고 인간의 신체는 인간과 자연, 세계와의 의사소통이라는 포괄적인 맥락에서 이해되고 있는 것이다. 따라서 현시대에 이르러 신체의 복권은 단순히 시대적 우연의 산물은 아니다. 그것은 정신주의적 전통이 야기시킨 철학적 난제들에 대한 지속적인 반성적 성찰에서 비롯된 것이다. 오늘날 신체의 복권을 주도해 가고 있는 것은 최근 미국을 중심으로 형성되어 가고 있는 체험주의(experientialism)라는 비교적 낯선 철학적 시각에서부터이다. 체험주의는 다양한 경험과학이 제공하는 경험적 증거들에 의존함으로써 우리의 모든 경험이 신체적 근거를 가지며, 또 그것에 의해 제약된다고 주장한다. 즉 모든 경험은 신체화되어(embodied) 있다는 주장이다. 경험의 구조에 대한 이러한 새로운 해명은 전통적인 객관주의적 가정들에 대한 전면적인 수정을 요구하며, 그것은 다시 대부분의 철학적 주제들에 관한 새로운 논의 가능성을 열어 주고 있다."02

이 같은 신체화된 인식론으로의 전환은 신체에 대한 사회적, 문화적 인식의 지평 자체를 변화시킬 수 있는 이론적 단초를 제공해준다. 신체의 복권과 함께 신체에 대한 연구의 필요성이 강조되는 것은 신체에 대한 관심이 현대인들 사이에 급속하게 고조되고 있는 현상과 밀접한 관계를 갖고 있다. 현대사회에서 많은 사람들이 신체적 건강에 대해 갖는 관심은 병적으로 집착에 가까운 양상으로 전개되는 경향도 있다. 근래에 이르러 남녀노소를 불문하고, 신체의 미적, 감성적 기준에 과도하게 경

---

02 노양진, "기호적 경험의 신체적 근거", 한국체육철학회 하계학술대회 기조강연, 2007. 1쪽.

도된 왜곡의 경향마저 나타나고, 젊고 예쁜 모습을 유지하고 건강하게 장수하는 것을 우선시하고 있다. 이러한 신체에 대한 물신적 경향에도 불구하고, 체육활동의 본래적 의미는 여전히 현대사회 속에서 평가절하되어 있다. 이것은 동양 유교의 인문중심 풍조와 함께 정신은 신체보다 가치 있고 우위를 차지한다는 서양의 심신이원론적 사상이 우리 사회에 깊숙이 자리 잡고 있기 때문이다.

'최근 들어 신체에 대한 관심이 고조되면서 각 학문의 분야에서 뿐만 아니라 사회의 여러 영역에서도 신체에 내재적이며 비판적인 인식의 새로운 전기가 마련되고 있다. 지성사 속에서 현대와 같이 신체가 한 시대의 중심적 담론이자 문화적 화두로 크게 떠오른 적은 거의 없었다 해도 과언이 아니다. 다시 말해서 현대의 신체에 대한 관심은 문화 변동의 한 축으로 간주될 만한 사실임에 틀림이 없다. 그렇다면 현시대에 이르러 우리는 왜 신체에 대해 이토록 집중하고 있는 것일까? 이것은 다름 아닌 신체의 담론이 서구의 근·현대화 과정 속에서 서구사회에 대해 근본적인 자기비판과 반성을 유도하고 있기 때문이며, 그럼으로써 신체에 관한 담론이야말로 인간과 세계의 본래적인 모습을 되찾을 수 있는 통로라고 인식되고 있기 때문이다. 우리는 이미 이와 같은 인식의 징후를 니체로부터 시작해서 메를로 퐁티와 데리다로 이어지는 해체론적 흐름의 철학에서 확인할 수 있다. 이성의 주체적 위상과 이성 중심의 세계인식에 의문을 제기해온 해체론적 철학은 전통철학이 비철학적이라고 배제해온 것 속에서 철학적 유의미성을 찾으며, 비철학적 사유대상이라고 방치한 것 속에서 철학적 사유의 새로운 가능성을 모색하고 있다.'[03] 따라서 "후기-구조주의(post-structuralism)를 포함하는 현대철학은 자신의 과거 속에서 방법론을 재구성함으로써 인식의 지형도를 바꾸려고 시도한다. 인간의 신체나 정신을 이해하기에 앞서 그것들에 전제된 개념의 틀 자체를 의심하고 나선다. 그래서 우리시대의 철학은 정신/신체, 주체/객체, 실체/속성 등과 같은 전통 형이상학의 이원론적 관점이 존재 자체의 복잡성과 변화과정을 밝히는데 공헌했다기보다는 오히려 장애 요인으로 작용했다고 간주한다. 이와 같은 이분법적 가치 평가 속에서 평가절하 되어왔던 신체와 욕망은, 이제 욕구적 사유대상으로서 현대철학 체계 내에서 긍정적인 입지를 획득하면서 사유의 장(場)으로 화려하게 복귀하기에 이르렀다."[04]

현대철학에서 신체와 신체의 관성인 욕망은 새로운 존재론적 위상을 획득한다. 즉 그것은 이성에 의해 통제되고 조정받는 수동적인 것이 아니라, 마치 자연의 모든 사물들이 합법칙적인 원리에 근거해서 존재하는 것처럼, 자신의 존재근거를 선천적인 상황 위에서 만들어 낸다. "욕망의 담지자요 수행자로서의 신체는 이제 전통철학에서 차지하던 하급 존재의 위치에서 벗어나 자신의 독자적인 위치를 점유한다. 지금까지 서구 지성사에서 평가절하되어 온 신체는 이제 현대철학의 주인이 된 듯싶다.

---

03   이승건, 안용규, 2007. 157쪽 참조.

04   임홍빈, "몸의 미학과 욕망", 한국인체미학회 창립총회 및 심포지엄, 2004. 1쪽.

이제 신체는 총체적 함축의 세계이자 통합적 사유의 세계로서 철학의 새로운 장인 것이다. 따라서 신체의 철학은 단순히 신체를 새로운 대상으로 설정하는데 자족하는 철학으로 간주될 수 없다. 설령 신체 자체에 관심을 쏟더라도 그것을 물리적 실체로서가 아니라 복합적인 중층적 존재로서 다루어야 할 경우, 그것은 기존의 철학 위에 하나의 새로운 관점이나 대상을 추가시키는 정도의 학문적 성과에 머물러서도 안 된다. 그것은 신체의 관점에서 인간의 정신과 세계, 사회·문화적 현상, 그리고 역사적 상황 등을 재조명하는 인간 존재 전반에 대한 철학적 성찰이어야만 한다."[05]

그러나 현실 세계에서는 이러한 신체 관점에서의 철학적 태도는 뒤로 한 채, 사람들은 외형만의 모습 길들이기와 겉모양 추구에 삶을 소비하고 있는 실정이다. 전 장에서 밝힌 바와 같이 플라톤이 고려하는 신체의 이상성이 인간 정신의 발달과 함께하는 훈련이었으므로, 우리의 신체발달을 위한 노력은 플라톤의 신체관을 토대로 정신수양과 더불어 행하는 신체 사랑의 훈련이 되어야 할 것이다.

이 장에서는 플라톤의 신체관이 현대에 이르러 인간의 실천적 삶에 어떠한 철학적 의미를 줄 수 있는가에 대한 논의를 진행할 것이다. 즉 플라톤이 언급하고 있는 훌륭함, 즉 탁월성은 현대의 체육에 어떤 가치를 부여하는가? 플라톤의 건강관의 현대적 의미는 무엇이며, 건강을 위해

---

05   이승건, 안용규, 2007. 159쪽.

체육은 어떠한 기여를 할 수 있는가? 플라톤의 건강관은 현대에 어떤 의미가 있으며, 체육은 건강을 증진시키기 위해 어떤 기여를 할 수 있는가? 그리고 이러한 의문에 대한 논의와 함께 덕의 교육과 더불어 체육이 나아가야 할 미래지향적인 방향성에 대해 탐색하고자 한다.

5-1. 탁월성과 체육의 가치

"플라톤에 있어서 덕(aretē)이란 성품의 탁월함(excellence)이다. 그는 덕의 기초를 행동이나 의무에 기초한 것으로 보는 게 아니라 행위자의 심성, 즉 행위자의 성품이나 성향으로 보고 있다. 행동이나 의무를 강조하는 윤리는 인간의 실행에 집중하는 반면에, 덕을 강조하는 윤리는 인간의 됨됨이에 집중하고 있다. 그에 따르면, 인간은 누구나 이성, 기개, 신체적 욕구 가운데 어느 하나의 탁월한 성향을 지니고 있다는 것이다. 그것은 지혜, 용기, 절제, 정의의 덕으로 설명된다. 그리고 지적인 능력과 이성이 탁월한 사람은 절제에서 덕을 지녀야 한다는 것이다. 이와 같이 지혜, 용기, 절제의 덕목이 이성에 의해 조화를 이룰 때 드러나는 덕이 바로 정의이다. 지혜로운 사람은 매사에 유효한 평가를 해서 쾌락과 고통을 측정한다."[06] 플라톤은 이와 같은 탁월함을 지닌 사람으로서 지혜롭게

---

06 김창우, 이광호, "플라톤의 선수다움에 대한 윤리적 소고", 한국체육철학회 『한국체육철학회지』, 16⑷, 2008. 278쪽 참조.

평가를 내릴 수 있는 사람이 바로 운동경기의 심판관이라고 하였다.

플라톤은 덕, 즉 "탁월함은 사람 특유의 기능에 대한 앎과 그 기능의 수행에 의해서 실현됨으로써 얻게 되는 것이라 하였다. 따라서 운동선수는 그 종목이 가지고 있는 모든 움직임에 대한 지식을 알아야 하고 그것의 수행능력에 의해서 선수다움을 실현하는 것이다. 이때 인간 특유의 기능은 현실적으로 훌륭한 삶을 살게 해주는 기능일 뿐 아니라 그 삶의 본이 될 수 있는 것을 파악할 수 있는 능력을 뜻하기도 한다."[07]

플라톤은 인간이 탄생하면서 가지는 천성 자체가 덕스러운 것만은 아니라고 하였다. 즉 "플라톤은 성악설도 성선설도 아닌 입장에서 인간의 타고난 성품은 덕스럽지도 않지만 사악하지도 않다고 하였다. 인간은 살면서 마치 가공되지 않은 천연재료가 완제품으로 가공되어 가듯이 덕성을 만들어 간다는 것이다."[08] 따라서 인간의 선한 삶은 인간이 탄생하면서 지니고 있는 성품을 어떻게 덕스럽게 만들어 가는가에 달려있는 것이다. 즉 스스로의 모든 능력을 동원하여 적극적인 삶을 살아야 하는 것이다. 자신이 스스로의 성품을 개발하고자 사회에서 요구하는 삶을 위해 최선의 노력을 기울인다면 반드시 훌륭한 삶을 영위할 수 있을 것이다. 그러기 위해서 인간 삶에서 교육은 반드시 필요한 과정이다. 교육은 인간의 가치관을 정립시키고 행위의 도덕적 가치의 판단 능력을 육성하는

---

07 Ibid., 282쪽.

08 S. P. Lamprecht, 김태길·윤명로·최명관 옮김, 『서양철학사』, 을유문화사, 2001. 233쪽.

것이다. 이러한 교육은 훌륭한 삶을 위한 덕을 육성하는 것으로 체육이 커다란 역할을 해줄 수 있다. 그것은 플라톤이 언급하였듯이 체육은 영혼을 위한 반드시 필요한 과정으로 인간 삶을 위한 윤리와 도덕성 부분에 크게 기여할 수 있다는 것이 사실이기 때문이다.

그러나 최근 체육의 현장에서는 과도한 경쟁 상황으로 인해 인간이 도구화되어 가고 있는 현상을 목격할 수 있다. 그것은 플라톤의 비판대로 전문적인 체육의 발달로 인한 극심한 훈련이나 과도한 경쟁에서 발생되는 결과이다. 어쩌면 우리가 승리를 목표로 하는 스포츠 세계에서 인간다움을 강조한다는 것은 사치스러운 주장일지도 모른다. 하지만 우리는 인간다움을 추구하는 체육의 방향으로 변화되어야 한다.

체육을 통해 획득되는 가치 중에서도 탁월함의 추구는 인간의 욕구 충족을 위한 최고의 수단이다. 특히 인간의 근원적 경향(original tendency)을 순화 및 구체화시켜 주는 체육의 역할은 인간의 삶에서 부수적인 것이 아닌, 본질적인 가치인 것이다. 그러한 가치를 근간으로 하는 객관자 입장의 관중들은 운동선수들의 탁월함에 매료되어 감동을 받고 대리만족을 느끼기도 한다. 그것은 바로 스포츠 수행자로서 탁월함에 대한 만족뿐만 아니라 객관적 감상을 통해 만족감을 주는 스포츠의 미적 가치인 것이다. 우리는 이러한 가치들을 확장시켜서 퇴색되어 가는 체육의 탁월성과 그를 통한 자아실현의 의미를 되찾아야 할 것이다. 즉 인간다움을 추구하고 자신의 신체를 통한 수행의 결과로 나타나는 탁월함을 통해 자아실현의 가치를 추구하고자 하는 운동선수로서 삶을 살아야 할 것이다.

체육의 현실은 명예욕과 경제적 효과, 권력이라는 지나친 집착, 그리고 이를 위한 과도한 훈련 등으로 인해 유희성이 소실됨에 따라 스포츠 용어 자체에 담재되어 있는 놀이로서의 스포츠가 아닌 소외된 노동으로 변화되고 있다는 사실에 주목해야만 한다.

우리는 이 점에서, 앞 장에서 밝힌 것과 마찬가지로 플라톤이 신체보다는 영혼의 우위를 주장한 사실에 대해 기억할 필요가 있다. 즉 신체활동을 통해 얻어지는 교육적 가치를 통해 영혼의 발달을 도모하고자 하였던 플라톤의 신체사상이 놓여 있는 근원적 토대의 의미를 이해해야만 할 것이다.

『국가』편에서 소크라테스와 글라우콘의 대화 중 '돼지의 나라(hyŏn polis)'[09]라는 비유가 나온다. 이는 공부도 게을리하고, 전문적인 운동에만 몰두하고, 영양식만 고집하며 한 가지 일에만 전념하는 태도를 뜻하는 것으로 어느 한쪽의 발달에만 치중하는 상황에 대한 비판의 의미를 지니고 있고, 더 나아가 현대사회의 기능주의적 신체관에 대해서도 타당한 비판으로 독해될 수 있을 것이다. 플라톤의 이러한 비판은 마치 신체훈련을 통한 유희성의 체육활동이 아니라 진학이나 금전적 보수, 명예욕을 위해 치닫고 있는 전문적인 현대 운동선수의 문제에 대한 자아실현의 가

---

09 『국가』, 372d. '돼지의 나라'는 노력하지 않는 사람들로 구성되는 나라를 의미하는 플라톤의 비유로서 이와 구분해 그는 '호사스런 나라(tryphōsa polis)', '염증 상태의 나라(phlegmainousa polis)', '참된 나라(alēthinē polis)', '건강한 나라(hygiēs polis)' 등을 언급하고 있다.

치를 강조하는 것으로 볼 수 있다. 따라서 플라톤의 이러한 관점은 현대의 체육현장을 미래의 풍요로운 삶을 위한 준비의 과정이자, 궁극적으로는 선미인(kaloskagathos)의 가치를 염두에 둔 견해인 것이다.

스포츠 세계에서 승리지상주의, 금권주의, 상업주의로 얻는 개인의 소득은 스포츠의 본래 목적과는 거리가 먼 것이다. 물질적 욕구의 충족으로 얻어지는 쾌락을 통해 행복을 추구하고자 하는 운동선수와 지도자는 결국 최고주의 망상에서 헤어나지 못하여, 그 결과 삶을 무가치하고 무의미하게 느끼는 전도된 의식의 단계로 퇴행하게 되며, 그러한 결과는 스포츠의 본래적 가치마저도 손상시키거나 망각하게 만드는 동인이 되는 것이다. 이것은 직업적인 운동선수의 단조로운 삶과 편향된 식이법에 대한 플라톤의 비판에서 나타난 것과 유사한 결과로 신체미를 통해 덕스런 인간을 추구하였던 고대 그리스의 체육 방향과도 전혀 다른 것이다.

따라서 인간의 체육활동은 자아실현의 목표 아래 성립되어야 할 것이며, 유희성이 필연적으로 수반되는 탁월함의 경쟁 속에서 스포츠 활동의 참다운 가치가 만들어지고 그를 통해 참된 쾌(快)를 찾아야 할 것이다. 또한 훌륭한 지도자는 자신의 보수나 명예, 그리고 재계약을 위해 운동선수를 승리의 도구나 수단으로 활용하는 것이 아니라 스스로 신체의 탁월함을 견주며 그것을 통해 얻어지는 자아실현의 가치를 추구하는 하나의 통합적인 인격체로서 대해야만 할 것이다.

5-2. 건강관과 체육

건강이란 말은 "어원적으로 원래 '완전한(vollständig)', '상처없이 치유된(heil)', '온전한(ganz)'의 의미를 담고 있으며, 건강이란 신체적 부조화의 상태를 다시 자연의 상태, 즉 자연의 조화로운 균형 상태로 되돌리는 것을 의미한다."[10] 또한 세계보건기구(WHO)에서는 건강을 "단순히 질병이 없다든가 허약하지 않다는 것뿐만 아니라 정신적, 신체적, 사회적으로 안정을 누릴 수 있는 양호한 상태"[11]로 정의하고 있다.

플라톤은 그의 대화편에서 건강에 대한 포괄적 개념에 상응하는 경우들을 충분히 기술하고 있다. 즉 '플라톤은 정신의 건강처럼 신체의 건강을 위해 적극적으로 이를 해결하려는 전문지식이 체육 기술로서 이것은 오늘날의 체육학이며, 신체의 건강을 손상 받았을 때에 이를 원상태로 회복시키는 재활의 전문적 지식이 오늘날의 의학이라고 했다. 그리고 체육의 목표는 국가수호를 위한 것뿐만 아니라 신체의 건강에도 그 초점을 맞추고 있다. 이를 통해 오늘날 현대인에게도 운동을 하면 건강해진다는 등식, 즉 운동=건강이 성립되고 있는 것이다.'[12] 따라서 체육의 목표는 무엇보다도 신체의 건강에 있으며, 이러한 신체의 건강은 단순히 질병이 없다는 것뿐만 아니라 여러 방면에서 양호한 상태를 의미하는 것이

---

10 김정현, 『니체, 생명과 치유의 철학』, 2006. 371~373쪽.

11 안용규, 2010. 44쪽.

12 정삼현, 이동건, 1999. 262쪽 참조.

며, 인간의 신체 건강을 유지, 증진시키기 위한 지식의 획득과 그 실천이 체육의 역할이기도 하다.

플라톤에 의하면 이데아계가 사물의 존재 근거이듯이 체육의 궁극적 목적은 이데아계로서 인간에 있어서 이데아적 인격, 즉 영혼 내지 정신을 훈련함으로써 용기의 정신력을 한 개인에게 체득케 하는 것, 즉 전인적 인간의 완성에 조력함을 말하는 것이다. 다시 말해 구체적이고 실현 가능한 수단인 신체활동, 즉 체육의 목적을 지향하는 단계로서 체육의 목표는 인간의 신체를 적극적으로 트레이닝시킴으로써 탁월한 신체, 즉 건강한 신체를 유지하고 증진시키는 것이다. 인간에 있어서 건강은 주지하다시피 정신활동을 포함하는 모든 인간적 행위의 기능조건이자 토대이다. 이 점을 고려할 때, 건강은 인생을 살아가면서 인간에게 없어서는 안 될 여러 가치들 중의 하나가 아니라 가치들의 가치로 이해될 수 있다.

플라톤은 시가교육과 마찬가지로 신체교육에서도 유사하게 원칙들을 규정할 뿐, 세부적인 사항들은 직접적으로 참여하는 자들이 공간을 채워 넣도록 여지를 남겨두고 있다. 플라톤이, 체육이 일차적으로는 신체에 대한 것이라고 해도 궁극적으로는 영혼과 인격에 관한 것으로 간주하는 이유도 바로 그 같은 통찰에서 비롯한다. 체육이 교육적으로 중요성을 갖게 되는 것은 바로 신체의 온전성이 정신의 온전성의 토대이며 기능 조건이기 때문이다. 신체의 온전성이 가치들의 가치라는 원칙들로 인해 신체단련의 목적이 궁극적으로 정당화되는 것이다. 나아가서 신체단련의 일반목적은 단순히 멋진 체격을 만들어준다거나 체력을 기르는 일이라기보다는 인간의 본성 속에 기개를 신장시키는 데서 발견된다. 이러한 관점에서 볼 때 오늘날 직업적인 트레이너들은 종종 자신이 행하고 있는 일의 교육적 근거와 궁극적 목적을 망각하고 오직 근육의 발달과 같은 외형적 측면에만 주목하는 오류를 범하고 있다. 물체의 개발에 국한되는 신체단련의 계획은 윤리적 관점에서만 실패하고 있는 것이 아니라, 다른 가치들 역시 달성하지 못하게 하는 결과를 낳는 것이다. 이것은 계획된 신체활동을 통해 완성된 인간을 육성한다는 체육의 목적에도 부합하지 않는 것이다.

플라톤은 '직업적 운동경기자들은 은퇴 후에 종종 자신의 일생을 허무하게 흘려보내거나, 과식이나 폭식으로 인해 신체의 비정상적인 형태 변형을 가져오거나, 잘못된 관리로 인해 급성의 질병을 얻게 된다'[13]고 하였다. 사실 운동선수들은 그들이 행해온 신체 단련의 일관성을 적절하게 유지해야 한다. 그러나 대부분의 선수들은 은퇴 이후부터 삶의 건강성이나 자아실현에 뿌리를 둔, 실천적 체육으로부터 멀어지고, 퇴행적 삶에 안주하는 경우가 많다. 우리는 그로 인해 그들이 심각하게 체중이 늘거나 운동의 후유증으로 인해 건강하지 못한 신체를 이끌고 살아야만 하는 경우를 종종 볼 수 있다.

한편 플라톤은 군인으로서 조국에 봉사해야 할 사람에게는 좀 더 섬세한 종류의 신체훈련이 요청된다고 말한다. 그의 정신이 항상 깨어 있

13   『국가』, 404a 참조.

도록, 그의 눈과 귀가 항상 민감하게 열려 있도록, 그의 몸은 음식과 기후의 변화에 잘 견디어 낼 수 있도록 되어야 한다는 것이다. 『국가』편에서 플라톤은 이러한 훈련을 구성하는 두 가지 요소인 운동과 다이어트 중에서 다이어트를 훨씬 좋은 논의의 대상으로 삼고 있다. 그 외에도 운동 연습에 관한 플라톤의 언급 중에서 특이한 것은 일정 기간 동안 지적인 활동을 배제하고 신체단련에만 집중해야 한다는 부분이다. 그 시기는 17세~20세 동안인데, 그 이유는 고된 신체 노동과 졸음이 공부의 적이라는 점과 운동연습의 과정에서 나타나는 사람의 모습은 그의 인격을 드러내주는 시금석이 된다는 데서 찾아진다. 2~3년간의 시간을 바쳐야 하는 신체훈련의 목적은 주로 군인의 역할을 감당할 수 있도록 신체를 강건하게 단련하는 것이었으며, 가능한 전장에서의 직접적인 체험을 하는 것도 포함되도록 하였다.

플라톤은 체육의 다른 부분으로 다이어트와 일반적인 신체 관리에 대하여 언급하고 있다. 그것은 그 자신이 당시의 그러한 의료 상황과 마주할 수 있었고, 이에 관한 자신의 강한 관점을 가지고 있었기에 가능한 논의였을 것이다. 당시 그리스인들의 삶에서 원칙성과 목적성, 단순성과 집중성이 결여되어 있는 총체적 결함에 실망한 플라톤은 자신의 예술 영역에서 목격하였던 것과 유사한 비본래적 삶에 대해 비판적 태도를 견지하다. 사치와 타락의 업부로서 나타나는 신종 질병들에 대한 새로운 치료방법에 대한 논의는 이 같은 배경하에서 이해되어야 한다. 그는 예술가들이 주로 정서적 흥분제만 찾는 병적인 욕구에 영합함으로써 사람들

의 도덕성을 약화시키고 있었고, 의사들은 탐닉과 쾌락에 기인하는 병
든 부자들의 호사스런 건강 과민증을 방치하고, 그들에게 아첨하고 있다
고 비판했다. 플라톤의 이러한 관점에 대하여 네틀십(Nettleship)은 '예술
에서 단순성을 부르짖었던 플라톤은 일상생활에서도 단순성을 요구하고
있다고 한다. 잘 정돈된 사회에서는 누구나 할 일을 가지고 있어야 하며,
그 일을 잘 할 수 있도록 신체를 유지해야 한다는 것이다. 달리기 경기를
위해 열심히 준비를 하고 있는 사람에게는 병든 문명과 사치품들이 모두
소용없는 것들이기 때문이었다. 플라톤이 보기에 새로운 긴 병명을 가진
질병들은 일을 너무 적게 하고 너무 많이 먹는 부자 단골들의 비위를 상
하게 하고 싶지 않은 의사들의 공손한 발명품이라고 하였다. 그리고 오
히려 멸시받는 장인을 예로 들면서 그들은 편히 쉴 수만은 없기에 일을
위해 항상 움직이고 또한 일어나야만 하기에 부자들보다 건강한 것이라
고 하였다. 이것은 충분한 신체활동을 통해 질병이 예방될 수 있으며, 체
육을 통해 건강을 유지할 수 있다는 플라톤의 단적인 논리인 것이다.'[14]

만약 플라톤이 현대인의 삶을 보았다면, 그 당시 신체 관리와 다이어
트에 대해 그가 지적했던 잘못된 점들에 대해 다시 이야기하게 될지도
모른다. 오늘날 습관처럼 건강식을 찾고 그러한 건강식에서 조금만 벗어
나도 몸에 이상이 오는 허약한 사람, 그리고 '체육을 하면 건강해진다'는
등식을 신봉하게 되어 운동병에 시달리고 있으나 그 사실을 인지하고 있

---

14   R. L. Nettleship, 김안중 옮김, 1989. 128~132쪽 참조.

지 못한 사람, 즉 언제나 자기 신체와 단조로운 맹목성을 지닌 채 씨름을 하고 있는 그런 비본래적 태도들을 얼마든지 볼 수 있다. 이러한 현상들은 본래 좋은 어떤 것이 가지고 있는 부분 중 단지 한 부분에만 치우치게 됨에 따라 조화와 균형을 상실해서 나타나는 결과일 것이다.

오늘날 우리는 전문적인 운동선수들이 그들의 체육 현장을 떠나면 대부분의 다른 상황에서 잘 적응하지 못하는 사례를 볼 수 있다. 그들은 오직 승리와 메달 획득을 위한 삶을 추구하였기에 성숙하지 못한 모습을 자주 노출한다. 즉 이는 건강한 삶에서 벗어나 단조로운 삶을 살고 있기 때문일 것이다.

신체 운동에 대한 과도한 관심은 학생 선수들을 운동경기라는 단조로운 직업의 소외된 행위 속에 매몰된 삶을 강요한다. 과거의 그들은 국가주의라는 동기에 묻혀 자신의 신체를 희생하면서라도 모든 것을 감당해야만 했다. 그리고 국위선양을 위해 자신을 희생하는 경우도 많았다. 그러나 현대의 운동선수들은 이제 더 이상의 국가주의가 아닌 일방적으로 개인주의적 성향을 갖게 되었고, 이는 나아가서 금권주의나 상업주의의 경향과 긴밀하게 맞물려 있다. 즉 이로써 운동은 자아실현의 욕구충족 가치와는 점점 더 큰 괴리를 발생시키고 있는 것이다.

"플라톤의 이상국가는 곧 교육국가이고, 그 교육은 바로 건강교육에서 출발하는 것으로 말할 수 있다. 즉 바람직한 인간형성을 위한 교육의 첫 단계에서 제시되고 있는 건강교육의 관점이 의학자나 보건학자가 아닌 철학자 플라톤에 의해 제기되었다는 점에서 그 의미에 대한 새로운 조명은 시대적 적실성을 지닌다. 오늘날의 과학적 시각에서 볼 때, 플라톤의 건강관은 방대한 시간적, 지역적 격차를 뛰어넘어 오늘날에도 여전히 유효한 관점을 제공해주고 있으며, 최첨단의 현대의학에서도 간과되고 있는 건강의 본질에 대한 통찰은 일상에 매몰되어 있는 현대인에게 자기 건강관리의 소중함을 일깨워 준다."[15]

고대 그리스인들에게 있어서 건강함은 소중한 자산이며 삶의 목표였다. 신체와 영혼의 완벽한 조화를 목표로 당시의 사회에서 건강은 중요한 삶의 덕목 중 하나였던 것이다. "플라톤은 비록 의사는 아니었지만 그는 운동선수 출신으로서 항상 인간다운 삶의 중심에 건강을 위치시킨 인물이었다. 플라톤은 지나친 운동이 정신과 신체의 조화로운 형성에 방해가 되며 건강을 해친다고 보았다. 이러한 관점은 현대인의 삶에서 문제가 되고 있는 운동과다증과 깊은 관련이 있다. 신체를 극한 상황까지 몰고 가는 운동과다증은 운동선수들에게 흔하게 발생하는 현상으로 만성피로와 근육통, 관절 상해 등의 후유증을 일으키게 된다. 최근 들어 격렬한 운동을 하면 과산화지질(lipid peroxide)의 수치가 올라가 노화가 촉진되고 질병이 발생되어 수명이 짧아진다는 보고가 있었다."[16] 실제로 전 동경대학의

15　반덕진, "플라톤의 건강관에 대한 고찰", 보건행정학회 『보건행정학회지』, 9(3), 1999. 151~152쪽.

16　김종인, "직업별 사망연령의 조사분석을 통한 장수모형 연구", 원광대학교 『논문집』, 25, 1994. 355~380 참조.

카토 쿠니히코 교수가 『스포츠는 몸에 나쁘다』는 '책'[17]을 펴내 화제가 된
적도 있으며, 국내에서는 "직업군 별 평균수명의 조사연구 결과 체육인
은 평균 수명이 일반인보다 낮다는 연구도 있었다. 이러한 연구들은 전문
적인 운동선수와 같이 과도한 운동을 했을 경우, 오히려 건강에 유해하다
는 것을 증명해 주는 사례이다. 운동선수의 수명단축 요인은 바로 자유유
리기(free radical), 또는 유해산소라고도 불리는 활성산소(active oxygen)에
의한 것으로 나타나고 있다. 이와 같이 오늘날의 과잉 운동으로 나타나는
신체의 폐해는 이미 플라톤에 의해 제기된 셈이다."[18]

플라톤은 '단순한 체육을 넘어 몸에 대한 지나친 보살핌이 건강에 가
장 큰 지장을 준다'[19]면서, 과도한 체육활동에 대해 부정적 견해를 나타
냈다. "그는 당시 아테네에 널리 유행하고 있던 요양과 치료의 기술을 국
가에서 추방해야 하며, 언제나 일과 노동의 엄격한 법칙 속에서 규칙적
으로 생활하는 단순한 사람은 유별나게 건강을 관리하지 않아도 건강하
게 살 수 있다는 것을 강조하였다."[20]

플라톤이 고려하는 체육은 영혼과 신체의 조화에 있었기 때문에 전문
적인 운동경기자를 양성하기 위한 과도한 훈련인 경우는 건강을 해치게
될 것으로 보았다. 즉 최고의 경기력을 발현하기 위한 운동선수들의 과도

---

17   카토 쿠니히코, 예예원, 『스포츠는 몸에 나쁘다』, 예예원, 2006.

18   반덕진, 1999. 158쪽.

19   『국가』, 407b 참조.

20   반덕진, 1999. 158쪽.

한 훈련은 체육의 정도에서 벗어날 수 있다는 것이다. 그러므로 '통치자를 위한 가장 훌륭한 체육은 단순한 시가와 유사한 단순한 체육'[21]이었다. 왜냐하면 플라톤이 주장하는 단순한 체육은 신체에 유익할 뿐만 아니라 전쟁에 참여하는 수호자에게 잘 활용될 수 있으며, 단순한 생활과 식사가 건강한 신체를 유지하는 데 도움이 되는 것으로 보았기 때문이었다.

플라톤에게 있어 '참된 나라(alethine polis)는 곧 건강한 나라(hygies polis)'[22]였다. 따라서 단순하고 건강한 나라에서는 의사가 필요 없지만 과식을 일삼거나 쾌락에 물든 병든 나라에서는 의사가 많이 필요한 것이었다. 질병은 나태함에서 비롯되는 것이며, 건강은 스스로의 노력에 의해서 관리되는 것이다. 즉 플라톤은 단순한 생활과 검소한 국가로 정화시키는 데 체육이 중요한 역할을 한다고 강조한다.

플라톤에 의하면 "그리스인들이 건강의 소중함을 잘 알고 있으며, 그들은 생활 속에서 그것을 실천하려고 노력했던 민족임을 잘 보여준다. 지나칠 정도의 세심한 건강관리법으로서 히포크라테스 의학에서는 각종 배설물의 색깔과 냄새까지 기록하며, 경우에 따라 이것들을 직접 맛을 보기까지 하였다"[23]고 한다. 그리스인들은 이처럼 철저한 자기 관리를 통해 건강을 유지하였으며, 건강한 생활이 이상을 실현할 수 있는 근

---

21 『국가』, 404b.

22 Ibid., 372e.

23 성영곤, "히포크라테스 전설", 대한의사학회 『의사학』, 13⑴, 2004. 62쪽 참조.

본이 된다고 믿었다. 그리스인들은 단순하고 절제된 삶이 건강한 생활이며, 복잡하고 무질서한 삶이 질병을 가져다준다고 보았다. 그렇게 본다면 '사실 인간은 자연사하는 것이 아니라 하루하루 자신의 생명력을 고갈시켜 가는 자살하는 존재인지도 모른다. 사람들은 질병을 예방하고 건강을 회복하기 위해서는 현명한 생활을 해야 한다는 원칙을 실천하기보다는, 욕망에 따라 행동하고 질병 치료자에게 쉽게 의지하려고 한다.'[24] "플라톤이 말하는 훌륭한 생활습관이란 건강을 증진시키는 생활이요, 이는 곧 자연의 이치에 따라 생활하는 것이었다. 반면 부끄러운 생활습관은 질병을 유발하는 습관이고, 이는 곧 자연의 이치에 어긋나게 생활하는 습관을 말하는 것이다."[25]

"플라톤의 건강관 중 가장 파격적인 부분은 바로 우생학적 건강관이다. 그는 허약한 신체는 정신력을 약화시키며, 이는 통치자 개인적 삶의 차원을 넘어 국가 공동체 전체에게 절대적인 의미가 있기 때문에 지나친 병치레(nosotrophia)는 전쟁터에서나 공직에서 정의롭게 일할 흥미를 상실시킨다. 또한 완전성을 지향하는 모든 교육에 있어서 병치레는 치명적이기 때문에 그러한 인간은 국가에 필요가 없다"[26]고 하였다.

플라톤은 허약한 사람은 그가 비슷한 체질의 아이를 낳기 이전에 죽

---

24 Rene J. Dubos, *Mirage of Health*, New York: Harper, 1971. p. 168 참조.

25 반덕진, 1999. 163쪽.

26 Ibid., 165쪽 참조.

는 것이 국가에 이롭다는 견해를 가지고 있었다. 허약한 사람은 후손의 출생을 금지시키는 것이 당연하다고 생각한 것이다. 그것은 마치 고대 그리스의 스파르타에서 허약한 아이를 버렸던 것과 같은 맥락으로 볼 수 있다. "플라톤은 인간의 교육과정이 건강 교육에서 출발해야 한다는 것을 최초로 명확히 한 사람이다. 만약 히포크라테스가 이 같은 주장을 했다면 그다지 새로울 것이 없겠지만, 조화로운 인간상을 추구했던 철학자 플라톤에게서 언급되었다는 점에서 그 설득력이 매우 크다."[27]

앞 장에서 논의한 바와 같이 플라톤은 신체 건강에 앞서 정신의 건강을 우선시하고 있음을 알 수 있다. 플라톤은 신체건강을 위한 체육도 궁극적으로는 영혼을 위한 것이었다. 이러한 플라톤의 건강관에 비추어 볼 때, 현대인의 건강관리는 신체의 건강에만 관심을 두고 인내와 고통을 감내하며 외형의 신체 만들기에 전력을 기울이는 사람들에게 신체건강에 기울이는 노력만큼이나 정신 건강에로의 전환을 위한 노력도 함께 해야 함을 주지시키고 있는 것이다.

---

27   Ibid., 166쪽.

5-3. 덕의 교육과 체육의 방향성

"스포츠가 인격을 만든다는 신념의 원조는 플라톤이다."[28] 이것은 그의 『국가』편에서 수호자를 위한 교육에서 언급되었던 영혼의 건강에서 찾아볼 수 있다. 따라서 플라톤은 이성적 도덕교육을 통해 인간 존재의 가치와 의미를 부여했던 철학자라고 말할 수 있을 것이다. 그의 윤리사상은 인간이 자신의 본성에 대한 이해를 기초로 해서 올바른 삶에 도달할 수 있다고 믿는다. 이러한 목적에 도달하기 위해 용기만 가지고는 불가능하며, 삶을 올바르게 인도하기 위해 이성이 필요한 것이다.

현대 사회를 살아가는 사람들은 신체적 건강에 병적으로 집착하고 있다. 적지 않은 현대인들은 외면적 가치에 해당하는 젊은 모습에 과도하게 집착하거나 수명연장의 욕구 충족을 위해 신체를 단련하고 있다. 그럼에도 불구하고 본래적 의미의 체육에 대한 인식과 실천은 종종 그 위상이 흔들리고 있다. 그것은 정신과 신체의 이원론과 이에 대한 규범적 선입견으로 인해 교육의 통합적인 이해가 불가능하고 그 결과 체육수업의 파행이 편재한 것이다.

'어느 국가에서든지 국가의 경제가 어려워질수록 체육수업은 종종 가장 먼저 축소되거나 없어지는 교과목이다. 그러한 원인은 이원론에서 정신이 신체보다 중시되고, 혹은 생각하는 일이 행동하는 일보다 중시되는 사고에서 출발된 것이라 볼 수 있다. 그것은 단지 인간 삶의 과정에서 생

---

28 H. L. Reid, 2007. p. 160.

산성과 노동이 높게 평가될 때, 체육은 기껏해야 애매모호한 상태에서 머물러 있을 뿐이었기 때문이다.'[29]

체육은 학생들로 하여금 신체적, 정신적 건강을 얻는 수단을 제공함으로써 그 정당성을 충분히 가지고 있으나, 많은 사람들은 체육이 단지 신체의 이득만을 얻는 것으로, 또는 다른 교과를 위한 수단으로 이용되는 '조력의 교과로 인식'[30]하고 있다. 따라서 이 절에서는 플라톤의 신체관을 통해 체육이 단지 신체의 교육뿐만 아니라 정신의 교육, 또는 덕의 교육으로서 그 가치와 중요성을 지니고 있음을 밝히고자 한다.

사실상 체육과 덕의 교육 사이에 본질적인 연관성이 있다는 주장은 항상 반대에 부딪쳐 왔다. 그동안 수많은 철학자, 교육자, 현대 스포츠 비평가들은 "체육이나 스포츠가 좋은 가치를 증진시키기도 하지만 오히려 승리에 대한 과도한 집착인 승리지상주의, 경제적 부를 쫓고 착취하는 금권주의나 상업주의, 그리고 그로 인한 비도덕적 행위로서 폭력주의 등과 밀접하게 관련되어 있다고 비판하곤 한다."[31] 현실적으로 체육 및 스

---

29 Kretchmar, *Practical Philosophy of Sport and Physical Activity*. Champaign, IL: Human Kinetics, 2005. p. 2.

30 우리나라에서 체육은 공교육에서 하나의 과목으로 그 가치와 중요성에 비해 늘 불공정한 취급의 대상이었다. 한 예로서 제6차 교육과정 개편의 과정에서 주당 필수 3시간의 체육과목이 필수 1시간, 선택 2시간으로 바뀌었고, 그 선택의 결정은 학교장의 몫이었으나 이미 주당 1시간으로 체육수업이 축소되기에 이르렀다. 나아가 교과 교육으로서 체육의 가치는 중요한 논쟁의 대상에서 제외되곤 하였다.

31 한도령, 『근대5종 경기지도자의 윤리성 회복에 관한 탐색』, 한국체육대학교 대학원, 2009. 126~129쪽 참조.

포츠 현장에서는 이러한 사례들이 나타나고 있으며, 이것은 탁월성을 추구하고 덕스러움을 지향하는 체육 및 스포츠의 가치를 퇴색시키는 원인이 되고 있다.

"체육이 도덕적 인격을 형성하는데 중요한 역할을 한다는 주장은 수세기 동안 많은 철학자와 교육자들에 의해 끊임없이 논의되어 왔으며, 그 유래는 고대 그리스 시대에 생성되었던 영웅들의 경기 문화, 제전경기, 그리고 고대 올림픽에 이르기까지 이를 언급한 고대 철학자들을 통해 확인할 수 있다. 이러한 사실과 관련, 고대의 서양철학을 그 연원에서부터 추적하는 것은 의미있는 작업이다. 왜냐하면 고대 그리스인에게 신체는 언제나 주요한 관심의 대상이기 때문이다. 특히 플라톤의 대화편에서 신체교육과 시가교육이 상호 밀접한 관련성이 있다는 내용은 특별히 주목할 만하다."[32] 예를 들어서 『국가』편의 첫머리에는 아테네의 항구인 피레우스(Peiraieus)의 벤디스(Bendis) 축제를 배경으로 대화가 이루어진다. "이 축제에서는 횃불을 들고 경마를 하면서 그것을 다음 선수에게 넘겨주는 경기로서 밤에도 축제가 계속되었다."[33] 이와 같이 플라톤의 대화편에는 고대 그리스에서 행해졌던 불게임에서부터 제전경기의 종목에 이르기까지 폭넓게 다루어지고 있으며, 운동경기자와 체육지도자에 대한 역할을 그려내고 있다.

---

32 김복희, 2005. 71쪽.

33 『국가』, 327a, 328a.

'플라톤 당시의 아테네는 전통적 귀족에게 계승되었던 운동경기가 쇠퇴하면서 운동경기열이 위기를 맞게 되었다. 직업 선수들은 지나친 운동으로 신체의 불균형과 무교양을 초래하게 되었고, 일반 시민들은 관중의 역할에 머무르게 되면서 운동을 경시하게 되어 체력이 저하되는 양극화 현상이 나타나게 되었다. 특히 플라톤의 대화편에는 직업경기자의 낮잠과 대식에 대한 비판을 찾아볼 수 있다. 『국가』편에는 단련중인 선수들의 습성으로 그들은 경기할 때에만 정신이 빛나고, 경기를 하지 않을 때에는 정신이 잠들어 있기에 그들은 평생을 잠으로 보내는 것이나 다름없다고 했다. 만약에 그들이 이러한 섭생법을 조금이라도 벗어나면 그들은 질병에 걸리고 만다. 이와 같은 대식가와 그들의 수면상태는 레슬링, 판크라티온 등의 격투기 종목 선수에게서 두드러졌던 것으로 보인다.'[34]

그는 '운동선수는 사상이나 철학적인 대화를 나눈 경험은 없고 오직 운동 훈련에만 전념하고 있다'[35]고 하였는데, 이것이 당시 경기자의 일반적인 모습인 것으로 보인다. 따라서 '제전경기에 나가기 위해서는 상당한 고통이 뒤따르는 훈련이 필요했었다. 그것은 운동경기만이 아니었다. 플라톤도 재삼 언급했듯이 선발된 무용단조차도 경연 준비를 위해서 힘든 연습을 견뎌내야 했으며, 발성 연습을 위해 음식을 제한하기도 하였다고 한다. 이 당시에는 아마추어 선수도 엄청난 훈련이 필요했던 것으로 보이

---

34 『국가』, 404a~b 참조; 김복희, 2005. 71~72쪽 참조.

35 Ibid., 72쪽 참조.

는데 직업선수는 더 말할 필요가 없었을 것이다.'[36] 즉 과도하게 전문화된 운동은 건강에 해가 될 뿐만 아니라 신체의 결함만을 가져올 것이라고 지적한다. 그는 어깨는 돌보지 않고 다리만을 발달시키는 장거리 선수와 어깨는 잘 발달되었지만 다리가 빈약한 직업 권투선수에 관한 예를 들면서 신체의 모든 부분이 조화롭게 체육을 행해야 한다고 하였다.

플라톤에 따르면 '신체와 정신은 적당한 영양분과 학습과 도덕적 훈련을 필요로 하지만 올림피아나 피티아 경기의 우승자가 되는 것을 목표로 하는 사람은 신체훈련 이외에는 아무것도 할 시간이 없었기 때문에 그는 삶이라는 이름에 가장 잘 어울리는 다른 과업들을 위한 귀중한 여가를 잃고 말았다'[37]고 한다. 이와 같이 플라톤은 전문화된 운동으로 인한 신체 불균형과 과도하게 운동에만 전념하게 됨으로써 스스로의 여가 시간을 박탈당하는 것에 대하여 언급하고 있다. 당시의 그리스인들은 신체적인 훈련의 필요성을 확신했던 만큼 과도한 훈련으로 인한 부작용이나 위험에 대해서도 알고 있었다. 따라서 플라톤은 "신체운동에만 열중하고 철학이나 자신의 교양을 위해서 노력하지 않는 운동선수는 논의를 싫어하고 시가도 모르는 사람이 될 것이며, 이후로 말을 통한 설득은 전혀 이용하지 않고, 모든 일에 관련해서 마치 짐승처럼 폭력과 난폭에 의해 이루

---

36   Ibid., 73쪽.

37   『법률』, 807c~d.

려고 할 것이며, 무지와 졸렬함 속에서 상스럽고 무례하게 살아갈 것"[38]이
라면서, 운동만 하고 교양은 전무한 운동선수들을 비판하고 있다.

"당시의 운동경기자는 육식 중심의 대식, 늦잠을 자는 단조로운 생활
의 결과로서 우둔한 거인이 출현하게 되었다. 문제는 여기서 그치지 않
는다. 플라톤이 지적했듯이 경기 기술이 고도로 발달하여 운동경기자가
우승하기 위해서는 이전과는 다르게 극심한 훈련과 장시간의 연습이 필
요하게 되었다. 그들은 훈련 이외에는 아무것도 할 수 없었기 때문에 이
들은 무교양한 자가 될 수밖에 없었다. 따라서 플라톤은 시민들이 경기
관람에 열중하는 것보다는 운동을 통해서 스스로 땀 흘리는 것이 중요하
며, 올림피아의 승자에게 지나친 특권을 부여하기보다는 소크라테스와
같이 덕이 있는 사람을 우대해야 한다고 하면서 교양을 강조하였다. 그
는 운동경기열을 극복하기 위한 개혁안으로 적극적인 체육을 구상하고
제안하였다."[39]

오늘날 체육이 처한 일반적 상황을 고려할 때, '플라톤에 의해 주장되
고 있는 신체의 철학적 지위에 대한 명확한 이해가 없이 체육을 논하는
것이 쉬운 일이 아니다. 왜냐하면 그의 대화편에서 신체의 올바른 철학적
의의를 찾아내는 것이 결코 쉬운 일이 아니며, 혹자들은 플라톤의 신체관

---

38 『국가』, 411d~e; 김복희, 2005. 73쪽.

39 김복희, 2005. 74쪽.

을 부정적 관점으로 생각하고 있기 때문이다.'[40] 틀림이 없는 것은 플라톤의 철학은 오늘날의 일반 교과목은 물론이고 체육의 영역에서도 시사하는 바가 매우 크다. 최근 체육의 영역에서 적지 않은 학자들은 플라톤의 『국가』편이 학교 내의 체육의 책무에 대해 논하거나 변호할 수 있을 것이라고 주장하는데, 필자는 이러한 플라톤의 견해는 매우 일리가 있는 주장이라고 본다.

플라톤에게 있어서 영혼의 조화는 덕을 설명하는 한 가지 방법이다. 그리고 그는 체육 활동이 영혼의 여러 가지 부분들을 조화롭게 하는 데 반드시 필요한 것이라고 믿고 있다. 이러한 믿음은 플라톤의 교육 이론의 기초로부터 근거를 찾을 수 있으며, 이것은 『국가』편과 함께 다른 저서의 많은 논거를 통해 뒷받침될 수 있다.[41]

사실상 아리스토텔레스는 플라톤보다 신체의 중요성이나 건강면에서 더욱 구체적으로 언급한 내용이 많다. '아리스토텔레스는 신체의 배려는 정신의 배려에 우선적으로 이행되어야 하며, 신체적 건강은 정신적 건강에 필수이며, 신체훈련과 정신훈련 사이의 균형이 항상 유지되어야 한다고 보았다. 이러한 아리스토텔레스의 견해는 영혼의 탁월함을 위해 신체의 역할이 중요한 것으로 본 플라톤에게서 계승된 것임을 부인할 수 없다. 이러한 견지에서 영혼과 신체의 관계는 부차적인 의미만을 지닌다.

---

40 S. Kleinman, "Will the Real Plato Please Stand Up?", *Quest*, Vol. 14 (1970). pp. 73~74 참조.

41 H. L. Reid, 2007. p. 163.

신체를 단련하는 것은 기쁨과 행복을 양산하며, 영혼의 건강을 충족시키기 위한 것이기 때문이다. 즉 건강은 신체와 영혼이 조화를 이룰 때 얻어지는 것이다. 이것은 영혼이 신체의 행동에 대한 지적 선택을 내릴 때 이미 시작되는 것이기 때문이다.'[42]

플라톤이나 아리스토텔레스가 체육에 대해 강조를 하였음에도 불구하고 체육의 가치는 교육과정을 논의하는 과정에서 항상 문제시되어 왔다. 따라서 체육 프로그램에서 요구되고 있는 도덕적 지식은 체육 옹호자들이 지지하고 있는 신체건강과 관련된 목표를 주장하는 것보다 더욱 견고한 위치를 제공할 수 있으리라 생각한다. 플라톤과 같이 도덕적 행동을 배우고 실천하는 목표로 체육을 사용하고, 그것을 덕의 교육과정으로 연결하는 것은 체육교과 교육과정의 체계적 인식을 심화시키는 데 기여할 수 있을 것이다. 그리고 이는 무엇보다 체육이 신체적 건강뿐 아니라 도덕적 인품을 육성하는 것과 관련이 있다는 신념을 지지해 줄 것이다.

5-4. 훌륭한 삶을 위한 신체

플라톤은 인간의 욕구를 영혼의 가장 많은 부분을 차지하는 요소로 인식하고 있다. 그러나 그의 교육체계 속에서 욕구의 부분이 주된 관심

---

42   S. J. Park. "Physical Education and Moral Education: Plato's and Aristotle's Views." *Korea Society for History of Physical Education, Sport, and Dance*. Vol. 14(1), 2009. p. 23.

사가 되고 있지는 않다. 욕구의 부분에 대해 어느 정도의 교육이 가능한
가 하는 것은 플라톤의 '온순하게 길들이기'[43]라는 내용 속에 잘 나타나
있다. 그의 이러한 표현이 뜻하는 것은 인간 삶에서 욕구들이 상위의 정
신 활동들에 대해 방해가 되지 않도록 규제되어야 한다는 것과 이러한
상위의 정신 활동들의 근본이 되는 건강한 신체활동의 토대로서 영혼 전
체의 향상에 공헌하도록 훈련되어야 한다는 것이다.

　"플라톤에게서 훌륭한 삶의 근거는 사람의 내적인 상태에 놓고 있으
며, 이 상태는 훌륭한 삶의 본이 되는 좋음의 이데아를 파악할 수 있는
능력(dynamis)인 지혜(phronesis), 즉 지성(nous)에 의해 실현된다. 지혜를 가
짐(meta phroneseos, meta nous)으로써 실현되는 내적인 훌륭한 상태가 사람
됨이며, 이 사람됨이 훌륭한 삶 또는 행복을 수반한다는 것이다. 이런 생
각은 기본적으로 '훌륭함(arete)은 지식(episteme)'이라는 소크라테스의 명
제에서 유래한 것이다. 소크라테스에서 지식은 사람의 고유한 기능에 대
한 것만이 아니라 그 기능에 의해 성립한 지식이기도 하다. 그래서 사람
됨은 사람으로서 사람 특유의 기능에 대한 앎을 갖고, 그 기능을 훌륭하
게 수행함으로써 실현을 보게 된다. 따라서 무엇보다도 플라톤에서 훌륭
한 삶의 조건인 사람됨을 사람 특유의 기능과 관련해서 이해되어야만 한
다. 즉 참된 앎은 사람됨을 실현시켜 주는 것이기 때문이다."[44] 그러나 플

43　『국가』, 493a~c 참조.
44　김태경, 「플라톤에서 사람됨과 훌륭한 삶」, 한국철학회, 『철학』, 68(1), 2001. 110쪽.

라톤에게서 그것은 "사람한테 좋은 것으로, 그것 자체만이 아니라 그것의 좋은 결과 때문에도 좋은 것"[45]이다.

플라톤의 훌륭함은 지식과의 필요충분조건하에 있다. 즉 지식이라는 명제는 좋은 것을 행하는 필요충분조건으로 보고 있다. 지식을 지닌 사람은 누구든지 "자발적으로 나쁘게 행하지 않는다"[46]는 것이다. 누구든 자발적으로 나쁘게 행하지 않는다는 것은, 만일 어떤 사람이 나쁜 짓을 한다면 그의 행위는 그가 바라는 것과 대립되는 것이다. 이것은 그의 행위가 실제로 좋은 것에 대립된다는 것을 뜻하기도 한다. 따라서 "자발적인 행위(boulomenon)는 욕구(boulēsis)에 의해 지배를 받는다. 즉 지식을 지닌 자는 누구든 자발적으로 나쁜 짓을 하지 않는다는 것이다. 그래서 플라톤에게서 사람됨과 훌륭한 삶의 관계는 지식(훌륭함)→욕구와 능력→훌륭한 행위의 자발성이라는 도식으로 표현할 수 있다. 지식과 욕구의 대상인 좋은 것은 결과만이 아니라 그것 자체 때문에도 좋은 것이다."[47] 이러한 플라톤의 논리는 현대의 스포츠 세계에서 결과 중심의 승리지상주의에 대한 비판적 사고를 낳게 한다. 즉 과정이 어떻든 상대에게 이기면 된다는 생각에 집중되어 '부정한 행위에서부터 시작되어 반칙 행위를 하면서까지 승리에 집착'[48]을 한다. 플라톤의 탁월함은 인간의 덕스러운 삶을

---

45 『국가』, 358a 참조.

46 『티마이오스』, 86d-e 참조.

47 김태경, 2001. 115~116쪽 참조.

48 운동선수가 금지약물을 복용함으로써 공정성 위배는 물론 심각한 생물학적 폐해를 입

위한 것이다. 그러나 현대적 삶을 살아가는 인간은 '순간의 역량만을 극대화 시키려고 시도함으로 인해 생명 단축의 결과를 초래'[49]하기도 한다.

현대의 전문적인 운동선수는, 플라톤에게서 비판의 대상이 되었던 고대 그리스의 직업선수와 마찬가지로 그들의 행태와 관련하여, 과정을 중시함으로써 얻어지는 결과를 가장 훌륭한 가치로 생각해야 할 것이다. 승리만을 생각하는 운동경기가 아닌 어떻게 경기에 임하느냐에 대해 물음으로써 과정의 단계에서 스포츠맨십을 중시하는 스포츠 세계로의 복원이 필요한 것이다.

플라톤에 의하면, '체육 및 스포츠 세계에서 승리를 위해 반칙이나 불공정한 행위'[50], 즉 '나쁜 짓'을 행하는 자는 '무지한 자'인 것이다. 플라톤

게 되거나, 가장 신사적이고 스포츠맨십에 입각한 스포츠에 적대적인 폭력과 체벌이 난무하는 현실의 스포츠 세계는 지탄받아 마땅할 것이다.

49 이와 같은 내용은 스포츠 세계에서 금지약물 복용의 사례로 살펴볼 수 있다. 즉 스포츠 선수들은 금메달을 목에 걸기 위해 스테로이드를 복용한 사례가 종종 있었다. 이러한 근력의 강화를 위한 약제나 흥분성 약제는 생명의 단축을 가져다주기 때문이다. 1988년 서울 올림픽에서 100m 결승전에서 9.79초의 세계신기록을 수립했던 밴 존슨은 국제반도핑기구(WADA, World Anti-Doping Agency)의 도핑검사 결과, 다음날 스테로이드를 복용한 것으로 판명되어 메달을 박탈당하고 영원히 선수로서 제명이 되었다. 그뿐만 아니라 1950년대 무렵에 올림픽 금메달을 획득했던 동구권의 선수들 중에는 50세 이상의 수명을 넘긴 선수들이 극소수인 것으로 밝혀졌다. 후일 많은 사람들은 그러한 원인이 국제올림픽위원회(IOC)에서 금지약물로 선정한 약물들을 복용한 결과라고 말하고 있다. 이러한 사례들은 스포츠 세계에서의 공정성 위배는 물론 인본주의 입장에서 결코 있어서는 안 될 것이다.

50 최근 수영경기의 현장에서 암암리에 활용되고 있는 에어도핑은 직장에 관장기구를 삽입하여 공기를 넣는 것으로 이것은 수영선수의 신체에 부력을 상승시킴으로써 기록

이 말하는 훌륭함은 곧 지식이기에 지식획득을 위한 기회는 바로 훌륭한 삶을 위한 것이다. 플라톤 시대에서 일어난 것과 같이 오늘날에도 직업적인 운동선수들은 승리를 위한 훈련으로 인해 학업의 기회를 상실하는 경우가 있다. 그것은 바로 지식 획득의 기회를 놓치는 것뿐만 아니라 잘 살기 위한 삶을 기회를 놓치는 것과 같다. 즉 자신의 무지를 탈피할 수 있는 기회를 잃게 되는 것이다. 전문적인 선수생활로 인해 학업기회를 박탈당한 선수들은 은퇴 후에 본인의 삶에 대해 준비를 할 수 없는 절름발이 인생을 살아갈 수밖에 없다. 이러한 경우, 선수시절에 아무리 훌륭한 경기 실적을 가진 선수라고 할지라도 '인간다운 삶'[51]을 살아가는 경우는 극히 제한적이다.

미국의 경우에는 공부하는 학생운동선수를 위해 제도적인 장치를 마

의 단축을 꾀하는 행위이다. 이러한 수영경기에서의 에어도핑 현상은 스포츠의 진정한 가치인 즐기는 움직임 행위가 아닌 결과에만 집착한 기계적 인간을 만들어 가게 될지도 모른다. 또한 스포츠를 통해 만들어지는 즐거움보다는 인체의 폐해와 더불어 인간 황폐화의 원인이 될지도 모른다. 또한 2008년 베이징 올림픽의 태권도 경기에서 심판의 판정에 불만을 품은 쿠바 선수가 심판을 폭행하여 물의를 일으킨 사례도 있었으며, 축구경기 중 고의로 상대선수의 무릎을 걷어차는 반칙행위로 인해 더 이상 선수생활을 할 수 없을 정도의 큰 부상을 입게 된 사례도 있었다. 이러한 경우, 반칙을 당하는 선수는 패배를 당하는 것으로만 끝나는 것이 아니라 심각한 부상을 통해 일평생 동안 장애를 가지고 살아가야 하는 경우도 발생한다.

51 체육 선진국의 운동선수들은 은퇴 후에도 스스로의 직업을 향한 노력을 게을리하지 않는다. 그러한 노력은 전문적인 운동선수 생활을 하면서도 공부를 게을리하지 않은 결과라고 할 수 있다. 따라서 과거의 훌륭한 운동경험을 가진 선수들이 의사, 변호사, 공무원에서 대통령에 이르기까지 만족할 만한 직업을 가지고 풍요로운 삶을 살아간다.

련하고 있다. 즉 학생으로서의 권리와 운동선수로서의 권리를 동시에 보장하고자 하는 명목으로, 1906년에 설립된 미국대학경기연맹(NCAA, National Collegiate Athletic Association)에서는 운동선수가 일정 학점 이하를 받을 경우, 선수로서 경기에 출전할 수 없으며, 적절한 수업을 받아야만 하는 강제조항을 두고 있다. 우리나라 운동선수들은 수업에 전혀 참여하지 않아도 대학의 학적을 유지하고, 당연하게 학점을 부여받는 경우가 있었다. 그러한 과정을 본다면 이는 '우리나라의 운동선수와는 비교조차 할 수 없는 제도'[52]이다.

우리는 미국뿐만 아니라 체육선진국에서 이러한 제도들이 마련되어 있어서 선수들 스스로 미래를 위해 공부하며 운동을 하는 것을 당연하게 생각한다는 사실을 상기할 필요가 있다.

최근 노르웨이 등 북유럽의 체육선진국에서는 체육전공자들의 수능고사 성적이 상위 점수에 분포되어 있다. 또한 삶의 질이 높은 사회일수

---

52 최근 국회에서 「학교체육법」에 대한 논의가 진행되고 있다. 이 법은 두 가지의 내용이 중심을 이루고 있다. 즉 학생선수들에게 최소한의 학업을 요구하는 최저학력제 실시와 일반학생들의 체력증진을 위한 학교스포츠클럽 활성화를 위한 제도적 지원에 관한 것이다. 전자는 학생선수들의 학습권 보장을 위해 합숙훈련을 금하고, 훈련도 방과 후와 주말에만 하게하며 일정학력 수준에 미달하는 선수는 대회출전을 제한하는 것으로 의미가 확대된다. 그리고 후자는 그러한 제한조건을 보완하기 위한 내용인 것이다. 그러나 체육계 일부에서는 우리나라 특성상 학교체육이 근간을 이루어 왔으므로 스포츠 육성의 장점을 일률적으로 제한할 수 있다는 우려와 염려가 있다. 어쨌든 이러한 성격의 「학교체육법」이 성립될 경우, 미국의 NCAA와 같이 공부하는 운동선수를 위한 제도의 첫걸음이 될 것으로 생각된다.

록 건강의 중요성과 함께 체육의 직업군이 폭 넓게 형성되어 있다. 그것은 삶의 질이 높은 국가일수록 그 만큼 체육의 중요성을 인식하고 있다는 것이다. 이와 같은 사례는 플라톤이 언급하고 있는 것처럼 바람직한 영혼과 건강한 신체를 위한 체육 이론의 중요성을 일깨워주고 있다.

우리는 이전까지 논의한 플라톤의 신체관에 근거하여 훌륭한 삶을 위한 가치를 다음의 몇 가지 경우에서 찾을 수 있을 것이다. 첫째로 신체는 정신과 더불어 동시에 발달되어야 한다. 즉 체육은 자아를 발달시키고 사고에 많은 영향을 줌으로써 인간 지성의 통합적인 발달에 공헌할 수 있다는 것이다. 둘째로 극심한 신체 훈련의 차원이 아닌 생활을 위한 적절한 자기 단련은 기본적인 힘과 체력의 육성을 영혼교육과 병행함으로써 인간의 인성 발달에 크게 기여할 수 있다는 것이다. 셋째로 체육을 통해 육성되는 정직, 용기, 스포츠맨십 등과 같은 정신성은 이상적인 인간의 전형이 될 수 있다는 것이다.

이 장에서는 플라톤의 신체관을 통해 체육의 가치와 체육을 통한 건강함의 추구, 덕의 교육으로 체육의 기여, 그리고 훌륭한 삶을 위한 체육의 나아갈 길에 대해 논의하였다. 따라서 필자는 체육활동이 자아실현의 목표 아래 필연적으로 수반되는 탁월함의 경쟁 속에서 참다운 가치를 찾아내고, 참된 쾌(快)를 찾아야 함을 강조하였다. 또한 플라톤의 주장처럼 신체건강을 위한 체육도 궁극적으로는 영혼을 위한 것이므로 외형의 신체 만들기뿐만 아니라 정신 건강을 위한 체육에로의 전환을 위해 노력해야 할 것이다. 더불어 체육이 신체적 건강뿐 아니라 도덕적 인품을 육성하는 것과 관련이 있다는 신념을 통해 체육의 가치는 물론 체육교과 교육과정의 체계적 인식을 심화시켜 나아가야 할 것이다. 그리고 바람직한 영혼과 건강한 신체를 위한 체육 이론의 중요성을 고려하여 공부하는 학생운동선수가 되도록 도와야 할 것이며, 그들이 은퇴 후에도 인간다운 삶을 살아갈 수 있는 덕스러운 인간으로 교육해야 할 것이다.

6. 나가는 글

신체는 우리의 살아있는 존재의 바탕이다. 그럼에도 불구하고 신체는 가까이에 있다는 친숙함으로 인해 오랫동안 철학적 논의에서 제외되곤 하였다. 틀림이 없는 것은 신체가 철학적 사유로부터 멀리 떨어져 배타적으로 고려되어왔다는 사실이다. 즉 우리와 가장 가까이 존재하는 신체가 철학적 탐구의 대상으로 논의되어온 경우는 지극히 국소적인 부분이었거나 무관심 속에 버려져 있었다. 철학의 역사에서 신체나 감성의 문제는 이성이나 합리성과 같은 위치 속에서 논의되지 못하였으며, 인식의 대상으로서도 동등하게 고려되지 못했다. 많은 사람들은 신체가 그 어떤 대상체보다도 인간 삶의 존재를 의미한다는 사실을 인정하면서도 단지 인간의 이성적 부분에 의해 통제받는 부속적인 현상으로 전제하였던 것이다.

서구문명의 질서는 반드시 숙명이나 자연적 필연의 궤적을 따르지는 않는다. 그것은 문명의 역사가 오히려 이성과 감성, 정신과 신체의 관계에 대한 특정한 해석에 의해서 전개되어 왔기 때문이다. 다시 말해 서구의 합리화 과정은 신체의 정신에 대한 관계에서 규범적으로 통제되어야 하는 실체적 관점을 고수해온 것이다. 신체가 그 자체의 복잡성에 상응하는 언어적 체계나 합리적 방식에 의해 이해되기 어렵다는 편견은 잘 알려져 있다. 그 결과 신체는 주로 질병의 치유나 단련이라는 의학적 분석의 대상이나 단련과 도야의 대상으로 물상화되었던 것이다. 실제로 신체가 그 고유한 질서에 의해서 설명될 필요가 있다는 주장이 제기되더라도 그것은 어디까지나 비공식적인 관념으로만 남아 있을 수 있었다. 이는 곧 철학 자체가 정신주의나 이성중심주의에 경도되었음을 말해주는 구체적인 증거이기도 하다.

신체의 철학은 단순히 기존의 철학에 하나의 새로운 연구대상을 추가하거나 연구의 중심축의 이동을 의미하지는 않는다. 신체의 인문적 이해는 오히려 인간의 자기 정체성을 새롭게 이해할 수 있는 단초가 될 수 있기 때문이다. 우리는 이제 신체와 정신의 이원론적 분리의 관점은 물론, 실체로서의 신체라는 데카르트의 근대적 관점을 극복하고, 신체와 정신으로 이루어진 전일적이며 통일적인 인간의 자기 정체성에 대한 흥미로운 관점을 찾을 수 있을 것이다. 즉 신체의 철학은 기존의 철학에 대해 하나의 새로운 관점을 추가하는 것이라기보다는 인간이 심신통일체로 존재한다는 것의 의미에 대한 인식의 가능성과 연결되어야 할 것이다.

우리는 앞에서 기술한 플라톤의 신체 철학에 대한 논의에서 그의 관점이 고대 그리스의 신체문화에서 나타나는 내용과 맥락을 같이 하고 있음을 알 수 있었다. 그리고 이승에서의 윤리적 행위의 주체는 어디까지나 영혼이지 신체가 아니기 때문에 통속적인 플라톤 해석에서 보이는 '영혼은 선이며, 신체는 악이다'와 같은 극단적인 단순화는 성립하지 않으며, 오히려 신체에 대한 영혼의 관여 방식으로 선과 악의 대립을 파악하는 것이 온당한 접근법이라는 것을 확인하였다. 또한 인간으로 있는 동안은 영혼이 주인이기 때문에 신체는 영혼의 수단이며, 도덕적 악행의 주체는 신체라기보다는 영혼에게도 있음을 확인할 수 있었다. 특히 플라톤의 『파이돈』편이 영혼 우위의 철학을 강조하면서 신체의 의미와 그 기여도를 철저하게 부정했고, 따라서 신체는 도덕적 악의 대상으로 보는 신체멸시사상을 강조한 전형적인 저작으로 평가하는 것은 정확한 독해가 아닌 것임을 알 수 있었다. 그리고 그는 『국가』편이나 『법률』편 등의 여러 대화편을 통하여 오히려 수호자, 그리고 일반 시민들을 향한 영혼의 양육과 더불어 신체교육의 필요성을 다양하게 언급하였다. 특히 신체교육을 통하여 덕을 함양할 수 있으며, 그 중에서도 용기의 덕을 위한 신체교육의 역할이 매우 중요함을 알 수 있었다.

이처럼 플라톤의 신체관은 현대에 이르러 많은 시사점을 안겨준다. 그의 그러한 관점에서 우리는 탁월함의 경쟁 속에서 스포츠 활동의 참다운 가치를 만들고 그를 통해 참된 쾌(快)를 찾아야 할 것이다. 그리고 신체의 건강증진에만 관심을 두고 인내와 고통을 감내하며 신체 만들기에 전력을 기울이는 사람들은 신체건강에 기울이는 노력만큼이나 정신 건강에로의 전환을 위한 노력도 함께 해야 할 것이다. 또한 플라톤의 신체관은 체육이 신체적 건강뿐 아니라 도덕적 인품을 육성하는 데 크게 기여할 수 있다는 신념을 가져다주며, 훌륭한 삶을 위한 신체의 역할을 인도해주고 있다.

따라서 많은 철학자 중에서 플라톤은 그 누구보다도 영혼교육을 위해 신체교육의 필요성을 강조한 철학자라고 할 수 있는 것이다. 우리는 플라톤이 한 번도 영혼과 신체를 별개의 존재로 파악함으로써 신체에 대한 영혼의 우위성을 주장하지는 않았으며, 오히려 영혼의 존재가치를 보증하는 데 있어서 신체가 유효하다고 파악하고 있음을 알 수 있었다. 이러한 의미에 있어서 플라톤은 신체의 멸시자라기보다는 신체의 구제자였으며, 플라톤에 있어서 신체는 철학적 사색의 대상체로서 존재하는 것이라고 말할 수 있을 것이다. 따라서 우리는 플라톤에게서 신체가 철학의 대상이 될 수 있다는 충분한 이유를 찾을 수 있다. 그의 많은 대화편에서 언급되고 있는 신체에 관한 주장들이 이를 충분히 뒷받침해주고 있는 것이다. 특히 플라톤은 최초의 신체미학자라고 할 수 있을 정도로 『향연』편에서 신체의 미를 추구했으며, 신체에 대한 양육의 논리에서부터 신체를 교육하기 위한 방도에 이르기까지 많은 관점에서 제언을 해주고 있다.

현대에 이르러 신체의 탁월성을 견주는 스포츠 현장에서는 승리지상주의에 물들어 신체를 혹사하고, 신체의 기능적인 면만을 강조한 나머지 신체가 병드는 결과를 초래하기도 하며, 금권주의와 상업주의로 인해 인간이 스포츠를 하는 인간이 아닌 운동하는 기계가 되어버리고 있다. 플라톤이 말하는 덕스런 인간으로 향하기 위한 상승에로의 욕구가 충만해야 할 경기 현장에서 스포츠맨십이라는 덕스러움은 승리를 위한 사치가 되어버리고 있는 것이다. 그로 인해 운동선수가 은퇴를 한 후에 그들의 삶은 인간의 정신세계를 망각하는 경우가 있음을 종종 볼 수 있다. 따라서 체육 일반의 현장에서 발생되고 있는 신체 만들기에 급급한 현대인들에게 플라톤의 신체관은 건강한 삶, 훌륭한 삶, 그리고 체육의 가치에 대해 성찰할만한 것들을 충분히 전해준다.

인간의 신체는 신비체로서 진화의 결정체이다. 미래에도 어떠한 개체의 진화일지라도 인간의 신체와 이성의 결합이라는 중요한 기전에 대해 대응할 만한 능력을 가진 것은 그 무엇도 없을 것이다. 따라서 세계의 문명이 더욱 발달하고 어떠한 새로운 철학적 연구의 관점이 새롭게 생성된다고 할지라도 플라톤 철학에서 언급하고 있는 내용들과 같이 신체는 언제나 중요한 관심의 대상에서 멀어질 수 없는 철학의 주요 대상으로 존재할 것이다.

문명이 발달하고 삶의 질이 향상될수록 인간은 욕망의 끈을 놓지 않고 수명 연장의 욕구를 꿈꾸며 살아갈 것이다. 그러한 욕구의 한 가운데에는 항상 유한한 생명만을 허락받은 신체가 위치하고 있을 것이기에, 우리는 미래에도 체육을 통하여 '욕구하는 신체'라기보다는 '사유하는 신체'로 철학적 연구의 방향을 전환해야 할 것이다.

참고문헌

[1차 문헌]

Aristoteles, *Ethica Nicomachea,* H. Rackham, Loeb Classical Library, Harvard Univ. Press, 1968, 『니코마코스 윤리학』, 이창우 외 옮김, 서광사, 1990.

Homeros, *The Iliad,* by William F. Wyatt, and A. T. Murray, The Loeb Classical Library, Harvard Univ. Press, 1924, 『일리아스』, 천병희 옮김, 도서출판 숲, 2007.

Homeros, *The Odyssey,* George E. Dimock, and A. T. Murray, The Loeb Classical Library, Harvard Univ. Press, 1924, 『오뒷세이아』, 천병희 옮김, 도서출판 숲, 2006.

Platon, *Nomoi,* Edited by T. E. Page. The Loeb Classical Library: Plato. London: Harvard Univ. Press, 1962, 『법률』, 박종현 역주, 서광사, 2009.

_____ *Phaidon,* 『파이돈』, 박종현 역주, 서광사, 2003.

_____ *Phaidros,* 『파이드로스』, 조대호 옮김, 문예출판사, 2008.

_____ *Politeia,* 『국가』, 박종현 역주, 서광사, 1997.

_____ *Symposion,* 『향연』, 박희영 옮김, 문학과지성사, 2003.

_____ *Symposion,* 『향연』, 촤명관 옮김, 종로서적, 1993.

_____ *Politikus,* 『정치가』, 김태경 옮김, 한길사, 2000.

_____ *Timaios,* 『티마이오스』, 박종현, 김영균 역주, 서광사, 2000.

_____ *Menon,* 『메논』, 이상인 옮김, 이제이북스, 2009.

_____ *Gorgias,* 『고르기아스』, 최민홍 옮김, 상서각, 1983.

_____ *Laches*, 『라케스』, 최민홍 옮김, 상서각, 1973.

Xenophon, *Memorabilia* III, 최혁순 옮김, 『소크라테스 회상』, 범우사, 1988.

[2차 문헌]

김경현, 「그리스 역사(서술)의 기원」, 한국서양고전학회 『서양고전학연구』, 25, 2006. 29-58쪽.

김길수, 『플라톤의 도덕 철학에서 탁월함, 가르침 그리고 좋은 삶』, 건국대학교 대학원, 2003.

김복희, 「고대 그리스 운동경기와 예술에 나타난 운동미」, 한국체육학회 『한국체육학회지』, 42(6), 2003. 3-12쪽.

_____, 「고대 올림피아 제전경기 우승자 환대관습의 의미」, 한국체육학회 『한국체육학회지』, 41(4). 2002. 3-13쪽.

_____, 「플라톤 체육사상의 이상과 현실」, 한국체육사학회 『한국체육사학회지』, 10(2), 2005. 69-80쪽.

_____, 「호메로스 운동경기에 나타난 영웅의 특징과 Aretē」, 한국체육학회 『한국체육학회지』, 43(4). 2004. 3-17쪽.

김복희·오동섭, 「고대 그리스 운동선수의 의상과 나체경기」, 한국체육사학회 『한국체육학회지』, 40(2), 2001. 21-21쪽.

김상순, 『스포츠사상사』, 보경문화사, 1992.

김정수, 『플라톤의 Arete 개념에 관한 연구』, 부산대학교 대학원, 1990.

김정현, 『니체, 생명과 치유의 철학』, 책세상, 2006.

_____, 『니체의 몸 철학』, 문학과 현실사, 2000.

김종인, 「직업별 사망연령의 조사분석을 통한 장수모형 연구」, 원광대학교 『논문집』, 1994. 355-380쪽.

김창래, 「철학의 욕망 I. 끝으로부터 철학하기」, 고려대학교 철학연구소 『철학연구』, 41, 2010. 233-278쪽.

김창우·이광호, 「플라톤의 선수다움에 대한 윤리적 소고」, 한국체육철학회 『한국체육철학회지』, 16(4), 2008. 273-286쪽.

김태경, 「플라톤에서 사람됨과 훌륭한 삶」, 한국철학회『철학』, 68⑴, 2001. 107-130쪽.

김혜경, 『파이돈 편에 나타난 영혼불멸 논증』, 이화여자대학교 대학원, 1986.

노성두, 『그리스 미술 이야기』, 살림출판사, 2004.

노양진, 「기호적 경험의 신체적 근거」, 한국체육철학회 하계학술대회 기조강연, 2007. 1-10쪽.

박종현 옮김, 『희랍 철학 입문』, 종로서적, 1985.

반덕진, 「플라톤의 건강관에 대한 고찰」, 보건행정학회『보건행정학회지』, 9⑶, 1999. 149-169쪽.

성영곤, 「히포크라테스 전설」, 대한의사학회『의사학』, 13⑴, 2004. 62-80쪽.

손병석, 「아리스토텔레스의 질료·형상론에 대한 심신 가치론적 고찰」, 한국철학회, 『철학』, 87, 2005. 33-63쪽.

솔로몬 피시맨, 『미술의 해석』, 민주식 옮김, 학고재, 1995.

안근아·안용규, 「플라톤의 음악과 형이상학적 신체」, 한국체육철학회『한국체육철학회지』, 12⑴, 2004. 39-54쪽.

안명욱, 『네 영혼이 고독하거든』, 중앙출판공사, 1977.

안민지·안용규, 「An Exploration on Feminism Discussion in Sport World」, 서울올림픽 개최 20주년 기념 2008 International Congress, 2008. 16쪽.

안선욱, 『법(Nomoi)에 나타난 플라톤의 도덕교육론』, 이화여자대학교 대학원, 1996쪽.

안용규·이영환·전경아, 「데리다적 해체주의를 통한 플라톤의 체육사상 재고 (II)」, 한국스포츠무용철학회『한국스포츠무용철학회지』, 6⑵, 1998. 27-63쪽.

안용규, 「체육, 스포츠, 무용-미학에로의 초대」, 한국스포츠무용철학회 춘계학술세미나 기조강연, 2000. 4-14쪽.

_____, 『체육철학』, 한국체육대학교, 2010.

_____, 「플라톤의 체육사상에 관한 논의⑴」, 한국체육대학교『논문집』, 21, 1998. 181-201쪽.

안용규·이승건, 「플라톤의 관념론에서 육체(soma)와 체육(gymnastikē)의 의미」, 한국체육철학회『한국체육철학회지』, 15⑵, 2007. 141-162쪽.

안용규 외 5인, 『체육철학』, 연세대학교 출판부, 2002.

여인성, 「플라톤의 법률편에 나타난 체육내용 및 방법론에 관한 연구」, 한국체육철학회『한국체육철학회지』, 11⑵, 2003. 171-189쪽.

염수균, 『플라톤에 있어서 탁월성의 교육 가능성에 관한 연구』, 서울대학교 대학원, 1994.

이동건,『플라톤의 체육사상에 관한 연구』, 한양대학교 대학원, 1992.

이문성·안용규,「아리스토텔레스의 신체의 아레테와 테크네」, 한국체육철학회『한국체육철학회지』, 17⑶, 2009. 53-63쪽.

_____,「아리스토텔레스의 피지스와 자연적인 신체」, 한국체육철학회『한국체육철학회지』, 17⑴, 2009. 71-82쪽.

이승건,『미학적 관점에서 본 고대 서양의 신체문화』, 한국체육대학교 대학원, 2007.

이승건, 안용규,「미메시스(mimesis) 미학에서 본 무용예술」, 한국체육철학회『한국체육철학회지』, 13⑵, 2005. 255-273쪽.

이승건, 안용규,「플라톤의 관념론에서 육체(soma)와 체육(gymnastikē)의 의미」, 한국체육철학회『한국체육철학회지』, 15⑵, 2007. 141-162쪽.

이영환,「체육교육으로 본 플라톤의 Paideia 개념」, 한국체육철학회『한국체육철학회지』, 12⑵, 2004. 161-174쪽.

이종환,『플라톤의『메논』편에서 사용된 탐구방법 연구』, 서울대학교 대학원, 2005.

이철주,『플라톤의『향연』에 나타난 에로스와 도덕교육』, 청주교육대학교 교육대학원, 2006.

임홍빈,「사변적 정신과 욕망의 문제」, 한국철학회『철학』, 93, 2007. 133-158쪽.

_____,「몸과 이성, 자아:『차라투스트라는 이렇게 말했다』의 한 해석」, 한국니체학회『니체연구』, 10, 2006. 175-195쪽.

_____,「몸의 미학과 욕망」, 한국인체미학회 창립총회 및 심포지엄, 2004. 1-8쪽.

장재섭,『Platon의 영혼불멸에 관한 연구』, 조선대학교 대학원, 1985.

정삼현, 이동건,「플라톤의 체육과 용기형성 연구」, 한국체육철학회『한국체육철학회지』, 7⑵, 1999. 255-274쪽.

조명렬 외,『체육사』, 형설출판사, 1997.

한도령,『근대5종 경기지도자의 윤리성 회복에 관한 탐색』, 한국체육대학교 대학원, 2009.

Andrewes, Antony, 김경현 옮김,『고대 그리스사』, 이론과 실천, 1999.

J. 힐쉬베르거, 강성위 옮김,『서양철학사』, 이문출판사, 1884.

Judith Swaddling, 김병화 옮김,『올림픽 2780년의 역사』, 효형출판사, 2004.

Nettleship, R. L., 김안중 옮김,『플라톤의 교육론』, 서광사, 1989.

Tatarkiewicz, W., 손효주 옮김,『미학의 기본개념사』, 미술문화, 1999.

木庭康樹, 『プラトン哲學における身體論―ソーマ概念の體系的考察を通して―』, 筑波大學 大學院, 2005.

水野忠文, 『體育思想史序說』, 世界書院, 1967.

岸野雄三, 『Polis & Gymnastikē』, 東京敎大, 體育學部記要才7券, 1968.

카토 쿠니히코, 예예원, 『스포츠는 몸에 나쁘다』, 예예원, 1995.

Barrow, R., *Plato and Education*, London: Routledge & Kegan Paul Ltd., 1978.

Bedu-Addo, J. T., "Sense-Experience and Recollection in Plato's Meno", T*he American Journal of Philosophy*, Vol. 104, No. 3 (1983). pp. 227-248.

Benson, Hugh H., "Meno, the Slave Boy and the Elenchos", *Phronesis*. Vol. 35, No. 2 (1990). pp. 127-158.

Christopher, A. I., *The Function of Physical Education in the Educational Structure of Plato's Republic*, PhD diss., University of North Dakota, 1980.

Dorter, K., "Free Will, Luck, and Happiness in the Myth of Er", *Journal of Philosophical Research*, Vol. 28 (2003), pp. 129-142.

Dubos, Rene J., *Mirage of Health,* New York: Harper, 1971.

Fairs, J. R., "The Influence of Plato and Platonism on the Development of Physical Education in Western Culture", *Quest*. Vol. 11 (1968). pp. 14-23.

Frede, Dorothia, "Plato on What the Body's Eye Tells the Mind's Eye", *Proceedings of the Aristotelian Society*, New Series. Vol. 99 (1999). pp. 190-209.

Gulley, Norman, "Plato's Theory Recollection", *The Classical Quarterly*, New Series. Vol. 4, No. 3 (1954). pp. 193-213.

Guthrie, W. K. C., *The Greek Philosophers,* London: Harper & Row Publishers, Inc., 1960.

Henry, Liddell & Scott, Robert, *A Greek-English Lexicon*, Oxford: Oxford University Press. 1996.

Hyland, D., *Philosophy of Sport,* New York: Paragon House, 1990.

Jaeger, W., *Paideia: The Ideals of Greek Culture,* Vol. 2, New York: Oxford University Press, 1963.

Jaspers, K., *Way to Wisdom*, New Haven: Yale University Press, 1951.

Joseph, John L., *Contributions of Plato to Thought on Physical Education, Health and*

Recreation, PhD diss., New York Univ., 1942.

Kennell, Nigel M., *The Gymnasium of Virtue: Education and Culture in Ancient Sparta* (Studies in the History of Greece and Rome), Chapel Hill: University of North Carolina Press, 1995.

Kleinman, S., "Will the Real Plato Please Stand Up?", *Quest*, Vol. 14 (1970). pp. 73-75.

Kretchmar, S. R., *Practical Philosophy of Sport and Physical Activity*, Champaign, IL: Human Kinetics, 2005.

Lamprecht, S. P., *Our Philosophical Traditions*, 김태길·윤명로·최명관 옮김, 『서양철학사』, 을유문화사, 2001.

Morrow, Glenn R., *Plato's Cretan City: A Historical Interpretation of the Laws*, New Jersey: Princeton University Press, 1993.

Nettleship, R. L., *The Theory of Education in the Republic of Plato*, Honolulu, Hawaii: University Press of the Pacific, 2003.

Osterhoudt, R. G., *An Introduction to the Philosophy of Physical Education and Sport*, III. Champaign, Illinois: Stipes Publishing Company, 1978.

Panofsky, E., *The History of the Theory of Human Proportion as a Reflection of the History of Styles, Meaning in the Visual Arts*, New York: Penguin Books, 1983.

Park, S. J., "Physical Education and Moral Education: Plato's and Aristotle's Views", *Korea Society for History of Physical Education, Sport, and Dance*, Vol. 14, No. 1 (2009). pp. 15-25.

Reid, H. L., "Sport and Moral Education in Plato's Republic", *Journal of the Philosophy of Sport*, Vol. 34 (2007). pp. 160-175.

Rice, E. A., *A Brief History of Physical Education*, New York: A. S. Barnes And Company, 1929.

Rudd, Andy, "Which 'Character' Should Sport Develop?", *Physical Educator*, Vol. 62, No. 4 (2005). pp. 205-211.

Russell, B., *A History of Western Philosophy*, Touchstone: New York University, 2007.

Scott, Dominic, "Platonic Anamnesis Revisited", *The Classical Quarterly*, New Series, Vol. 37, No. 2 (1987). pp. 346-366.

Sharples, Bob, "More on Ἀνάμνησις in the Meno", *Phronesis*, Vol. 44, No. 4 (1999). pp. 353-

357.

Thayer, H. S., "The Myth of Er", *History of Philosophy Quarterly,* Vol. 5/4 (1988), pp. 369-384.

Vlastos, Gregory, "Anamnesis in the Meno", Dialogue: *Canadian Philosophical Review,* Vol. 4(2), (1965). pp. 143-167.

Weldon, Jane L., *The Platonic Roots of Analytic Psychology, The Archetype of the Self and the Subtle Body of Soul,* Ph.D. diss., Pacifica Graduate Institute, 2004.

Werner Jaeger, *Paideia : the Ideals of Greek Culture,* Vol. I ~III, New York: Oxford University Press, 1963.

Whitehead, A. N., *Process and reality : an essay in cosmology,* New York: Free Press, 1978

안용규

한국체육대학교 교수, 제7대 총장.
한국체육대학교에서 이학박사, 고려대학교에서 철학박사 학위를 취득했다.
주요 저서로『태권도 탐구논리』등 20권과 연구논문 200여 편이 있다.
대한민국 체육훈장 백마장 수상.

한국체육대학교 학술교양총서 001
플라톤의 신체관

초판 1쇄 인쇄 2020년 2월 20일
초판 1쇄 발행 2020년 2월 28일

지은이 안용규
펴낸이 최종숙
펴낸곳 글누림출판사

편 집 이태곤 권분옥 문선희 임애정 백초혜
디자인 안혜진 최선주 김주화
마케팅 박태훈 안현진

주 소 서울시 서초구 동광로46길 6-6(반포4동 577-25) 문창빌딩 2층(06589)
전 화 02-3409-2055(대표), 2058(영업), 2060(편집)
팩 스 02-3409-2059
전자우편 nurim3888@hanmail.net
홈페이지 www.geulnurim.co.kr
블로그 blog.naver.com/geulnurim
북트레블러 post.naver.com/geulnurim
등록번호 제303-2005-000038호.(2005.10.5.)

정가는 뒤표지에 있습니다.
ISBN 978-89-6327-605-2 94690
     978-89-6327-604-5 (세트)

• 이 도서의 국립중앙도서관 출판예정도서목록(CIP)은 서지정보유통지원시스템 홈페이지(http://seoji.nl.go.kr)와 국가자료종합
  목록 구축시스템(http://kolis-net.nl.go.kr)에서 이용하실 수 있습니다. (CIP제어번호 : CIP2020007924)